JN126185

実際にあった

学校での **ヒヤリハット** 事例から学ぶ

そのとき 養護教諭は どうした!?

リスクマネジメント養護教育研究会
八木 利津子

はじめに

　コロナ禍の終息が見えない今、養護教諭は感染症対策に追われながらも日常的なけがや、慢性疾患を有する児童生徒の対応はもとより、いじめや不登校、性に関する問題、災害や事件事故など、命に直結する健康課題と日々向き合っています。

　本書におけるヒヤリハット体験事例では、けがやアレルギー対応の症例をはじめ養護教諭の方々が身近に感じられる事例を多く取り上げています。

　私が教育現場で養護教諭として勤務していた当時も「食物アレルギー」にまつわる対応などでヒヤリとした経験があります。そしてそれらは、つい昨日のことのように思い出されます。各校におかれましても、「食物アレルギー重症化の軽減」は深刻な問題として、教職員研修の強化など、養護教諭が中心となり対応に尽力されていることと思います。

　私の当時の勤務地では、2015年4月に「食物アレルギー対応の手引き」が発行され、それに伴い養護教諭への期待感が増しコーディネーター的役割が拡大しました。勤務校では幸い、ヒヤリハット体験を教訓に省察することで、保護者との事前相談と入念な確認が慣習化し、栄養教諭や給食調理員の協力を得ながら担任教諭との連携で除去食を進めることができました。

　しかしながら、校内調理方式で除去食の配慮ができる自治体ばかりではありません。食物アレルギーの除去食の検討を例にとっても、立ちはだかる課題がさまざまあることがわかります。子どもたちの安全確保には、各自治体の実情や勤務校の実態、校種によって多様な対応が求められています。

　学校危機への対応が山積する現状の中で、早期発見と早期対応のためには、組織的活動が何より大切になります。決して養護教諭が一人で抱え込まないことが肝要なのです。

　現実には養護教諭が、日常の救急処置や心のケアなど、危機発生時の対応に追われている教育現場ですが、本書でご紹介した事例の数々を少しでも校内外で話題にしていただき、積極的に情報を共有し「自校だったら…、私だったら…」とふり返っていただきたく思います。

　本書でご紹介するヒヤリハット体験はごく一部ですが、養護教諭は「ピンチをチャンスに替える力」に長けていると実感しております。危機対応から共に学び共に考え、自校の支援体制などを見直す機会が増えれば幸甚です。

2021年12月
リスクマネジメント養護教育研究会
代表　八木 利津子

目次

第5章 ▶ その他

掲載資料のうち、ダウンロード可能と記載のあるものについては、健学社のホームページよりダウンロードすることが可能です。詳細は、P155の資料一覧をご確認ください。

ダウンロード方法について

資料の近くにあるQRコードを読み取ると、書籍の紹介ページが開きます。本書の項目の下にある「資料ダウンロード」をクリックしていただくと、ダウンロードが始まります。ファイルを開く際は、パスワードが必要です。以下のパスワードを入力してください。

資料ダウンロード可

「健学社」と検索していただいた場合の ダウンロードの方法

・健学社ホームページのトップ画面
⇒上のバー「書籍一覧」をクリック
⇒左側の「学校保健関連書籍」の下、
　「学校保健関連書籍の一覧を見る」をクリック
⇒本書の項目の下「資料ダウンロード」をクリック
⇒ダウンロードしたファイルをダブルクリック
⇒パスワードを入力

健学社　　検索　クリック

健学社ホームページ
http://www.kengaku.com/

パスワード　　risukm

第1章

けが

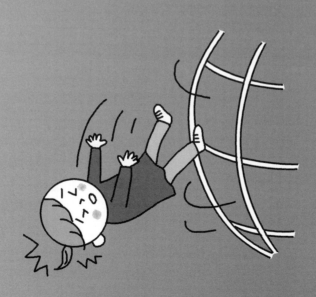

骨折

本稿では、日常のけがの中で起きやすい骨折を通して、思い込みのヒューマンエラー、そして負傷児童ではなく周囲の目によって骨折を知らされた2事例を紹介します。何気ない日常生活においての思い込み、そして周囲の教職員や友人たちの気づきが、いかに大事であるかを考えさせられた事例になります。

事例　跳び箱でバランスを崩した（小学校）

事例1	小学4年生　女子
発生状況	4時間目の体育で跳び箱6段の開脚跳びの練習をしていたとき、足が跳び箱に当たりバランスを崩し、飛び越したときに右肘を強打し負傷しました。
経過・対応・結果	顔色不良で、体育教員（専科）に連れられて11時50分に来室しました。 　強い痛みを訴え泣き出していたため、落ち着かせるためにベッドで安静にさせてアイシングをしながら発生状況を聞きました。肘を強く打ったのは床ではなくマットの上であったこと、打ってしびれたような感じがしたこと、いまはしびれ感より動かすのが怖くてできないことを確認しました。顔色不良であったため話をしながら経過観察をして担任に報告しました。 　担任からも声をかけてもらい様子を見ていました。しばらくすると腫脹が顕著になってきたため、慌てて受診し、骨折の診断を受けました。
ヒヤリハットした原因	本児は、痛みや怖がりで普段から来室が多く、個人的な先入観を持って対応したことです。さらに、肘を打ったのはマット上であったとはっきり覚えていたため、顔色不良を本児の性格と見極めを誤ってしまいました。受傷直後、しびれ感を訴えていましたが、直後には腫脹もみられず、肘の屈曲、回旋で確認しようとしましたが本児が怖がり触らせなかったこともあり、落ち着くのを待って判断することにしました。
気づきや課題	打撲と骨折の疑いを見極める養護診断の難しさを感じました。本児が痛いのを怖がり、受傷部位を触らせないこともあって落ち着いてから確認しようとしたことから、アセスメントの大切さを再確認しました。 　担任への報告のため席をはずしてしまったことが大きな反省点です。
今後の対策の視点	ちょっとしたけがでも来室する忙しい保健室で、瞬時に軽症、重症、経過観察とふり分けを自分の中で判断していく難しさを痛感しています。このケースが普段まったく来室しない児童だったら瞬時に受診を決断していたか、発生時刻がもっと早い時間だったらどうしていたか、受診先の医療機関をどこにするか、保護者に連絡を取って余裕をもって受診できるか、滑り込みで受診するか、救急病院で待ち時間が長くなるときは児童の負担にならないためにどうするかなど、瞬時に判断が必要になってきます。

事例 掃除の時間に痛みに気づいた（小学校）

事例2	小学1年生　女子
発生状況	縦割り清掃中に、本児が6年生児童に「ここ痛くはないけど、腫れてるねん」と襟元を自ら見せ、驚いた6年生が「保健室で診てもらった方がいいよ」と連れて来てくれました。
経過・対応・結果	本児は「大丈夫」と言いますが、鎖骨部位の腫脹を認めました。原因が思い当たらないため、とりあえず朝から今までの時間割や遊びを中心に肩や胸を打つようなことがなかったかを確認しました。すると2時間目の体育の跳び箱で転倒しマットで肩を打ったことを思い出し、そんなに痛くなかったから先生にも言わず授業を続けていたことが判明しました。その他、鎖骨部位が腫れるようなことを思い出せなかったため、担任、保護者に連絡し受診した結果、鎖骨骨折と診断を受けました。
ヒヤリハットした原因	骨折していたにもかかわらず、痛みを訴えず数時間を過ごしていました。6年生の児童が「おかしい」と感じなかったら授業で起こった事故でも把握できないケースです。本児が6年生と人間関係ができていなかったら襟元を見せずに終わっていたかもしれないケースでした。1年生という低学年であるため記憶があいまいになる前に原因が判明でき受診につなげることができてよかったのですが、そのまま6年生に声をかけていなかったら?と思うとヒヤッとしました。
気づきや課題	日頃から、自分の体に関心をもてる子になってほしいと思っています。この1年生は腫れていることに気づいているものの、次への行動ができてはいませんが、6年生が素早く判断し行動してくれたので、発見が遅れず受診につながりました。
今後の対策の視点	1年生には、痛くなくても体の変化に気づけてよかったこと、これからは、変だなと思ったことは誰かに確認してもらうことを伝えました。6年生には痛くないと言っていた1年生を保健室に連れてきてくれてよかったことを褒めました。 　痛みの感じ方はそれぞれで、受診に迷うことが多々あります。「念のために受診したら骨折をしていた」という報告がよくあります。学校からの受診であれば「診ていただいてよかった」になりますが、帰宅後の受診で骨折の診断になると、保護者への報告の有無や連絡内容で保護者の印象は大きく違ってきます。忙しさを理由とせず担任、保護者への報告、連絡を密にしていきたいと思います。

●ヒヤリハット体験を通して学んだこと

事例1では、痛みや怖がりで普段から来室の多い児童であったことから、いつもの「大げさに泣いているのかも…」と判断を誤りました。来室時に本児が強い痛みを訴え、かつ顔色不良でショック状態であったにもかかわらず、受傷部位の触診ができなかったため、視診と経過観察を優先しました。あらためて、強い痛みを訴える場合のアセスメントの必要性を感じました。

強い痛みを訴える場合の主なアセスメントとして、以下の5点があります。

①問診：いつ、どこで、どのように、どうして

②**視診**：外傷の状態、変形や腫脹の有無（必ず健側と比較）

③**触診**：圧痛の確認

④**打診**：介達痛の有無

⑤**運動検査**：自動・他動運動

　このケースの場合、本児が落ち着くのを待つため、③、④、⑤の必要性を感じながらもチェックをせず、担任からも落ち着くように声かけをしてもらおうと報告を優先しました。慣れや思い込みのヒューマンエラーをしないためにも、正しい問診やアセスメントを実践できるよう知識や技術の研修は経年者であっても必要と感じています。また、報告するためのほんの数分間とはいえ、彼女を一人にしてしまったことは、来室時の顔色不良を考えると大事に至らなかったとはいえヒヤッとしました。保健室に内線があるので使用すべきでした。

　次に、病院受診をすることで慌てることになりました。気になるけがが発生した場合、受け入れの医療機関を考えながら経過観察をします。このケースでは、興奮して泣いている本児を落ち着かせるだけで、12時を過ぎ午前診の受付は終わってしまいました。経過観察の結果、受診の必要性を決定して学校近くの医療機関に受診の相談をしたところ、「今すぐに来られるなら来てください」との返事で受診できましたが、もう少し判断が遅れたら、学校から行きつけの医療機関での受診はできず、遠方の救急病院の受診となるところでした。

　救急病院での受診は、時に長時間の待ち時間を強いられることがあります。痛みのある児童にとても負担ですし、その間、保健室不在の学校体制を考えると長時間の待ち時間は避けたいものです。

　このケースでは、すぐに保護者と連絡が取れたため保護者も医療機関に駆けつけることができましたが、連絡が取れないこともよくあります。また、連絡が取れても仕事や用事などですぐに

来ることができない場合や、本校のように私学では、通学範囲が広範囲にわたっているため、とくに遠距離通学者にとっては保護者の来校や受診先への到着までにかなりの時間がかかることがほとんどです。その間の「子どもへの心のケア」、そして「保護者への診察結果報告」、「今後の受診・転医の手続き」など、保護者への対応も重要となります。

　事例2は、痛みのレベルの違いで骨折を見逃したかもしれないという事例でした。このケースでは、2時間目の体育の受傷から数時間たってからの来室であったため、明らかな腫脹が認められ受診につながりましたが、体育の授業直後の来室で痛みの訴えがなかったら打撲と判断してしまい見逃していたケースかもしれません。当該校のけがの来室理由の1位は打撲による訴えです。ちょっとした打撲から見るからに痛々しい打撲まで症状（重症度）もさまざまです。また、訴え方も学年に関係なくさまざまであるため骨折では？と判断する見極めが重要となります。

　日本スポーツ振興センターの種類別発生割合をみると年齢が上がるにつれて軽度の「挫傷・打撲」から症状の重い「捻挫」「骨折」への発生割合が移行しています（次ページ図）。来室児童が多く忙しい対応の中で、経過観察をどこまでしていくかも考えさせられました。

　当該校では、打撲や軽い捻挫であっても必ず、「次の休み時間になって（または数時間後や放課後など時間指定をして）痛みが続いていたり腫れていたりしたら見せに来ましょうね」と自分のけがを常に観察するように伝えています。ほとんどのケースが来室を忘れる程度であるため再来室はありませんが、中には何度も来室し経過を確認するケースがあります。そのような場合は、担任から保護者に連絡し家庭での経過観察を依頼しています。経過観察をこまめにすることで来室児童は増えますが、次回のけがの

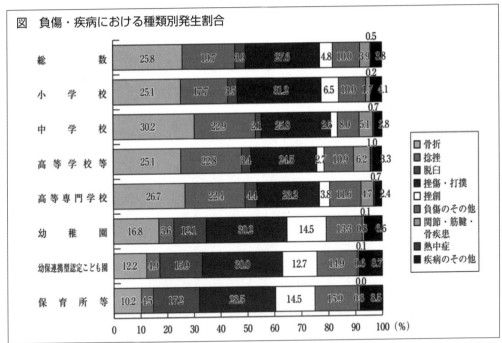

図　負傷・疾病における種類別発生割合

（令和2年版「学校の管理下の災害 基本統計」令和3年3月独立行政法人日本スポーツ振興センター発行 p141 より抜粋）

ときに「この程度なら大丈夫」とか「しばらく様子を見ていたけど…」「前のけがのときとの違いで…」と自分の体やけがに対して関心を持ち、対応できる子になってほしいと思っています。

今後の改善策と課題

受診を必要とするけがが発生した場合、担任、管理職への報告の方法について、本ケースのように一人にしてしまったという反省から、校内の連携や体制を再確認する必要がありました。本校は、保健室と校長室、職員室が比較的近いため、内線を使うより走って報告する方が早いときがあります。しかし、どんな場合でも傷病者を一人にしないという原則を全教職員とともに共通理解し、校内危機管理体制の再確認をしました。また、同じ経験を再びしないためにも校内で起きたヒヤリハットの報告を共有することも、一人しかいない職種にとっては必要かと感じています。

例年各校で実施される、救急救命法やエピペン研修会、その他の保健に関する研修会な

どのときは、参加する教職員側の意識が高まる機会を捉えて事例を報告することで効果があるように思われます。

毎日、多くのけがに対応していると、けがの程度、状態、治癒までの日数などで軽症、重症化の序列化をしてしまいがちになりますが、子どもにとってはけがの程度は関係なく手当てを求める気持ちは同じです。程度の軽いけがと思っていても重症と訴えるときや、逆に「怪しい、経過観察が必要だ」と感じても「大丈夫」という返答や訴えて来ない場合があります。

また、保護者も子どものけがに対していろんな受け取り方があります。保護者への電話連絡は、学級担任からの連絡を原則とし、必要に応じて電話を交代して、けがの状況や経過観察の報告を正確に伝え、医療機関受診の依頼をすることもあります。

なお、時には子どもに保護者と一緒に保健室に来るよう伝えたりしながら保護者との人間関係を築き、子どもによりよい支援ができるよう心がけていきたいと思っています。

わかりにくい骨折

　体育の時間や休み時間などに、骨折や靭帯損傷を負ってしまう事例も少なくありません。手足の骨折や靭帯損傷などは比較的見た目で気づきやすいですが、見た目だけではどうしても気づきにくい骨折があります。

　本稿では、わかりにくい部位の骨折の事例について、主な観点に「見極めの難しさ」と「本人の訴え」を取り上げて、けがの未然防止と、私が遭遇した「ヒヤリハット体験」を、反省点や改善策とともに紹介します。

事例　組み体操でバランスを崩した(小学校)

事例 1	小学6年生　女子
発生状況	運動会の組体操の練習をしていたところ、2、3人組んで行う技でバランスを崩し、腰部と臀部あたりを床で打ちました。
経過・対応・結果	腰が痛いと訴えて保健室に来たので、状況を聞き、負傷部位を確認しました。視診では腫れや色の変化はとくにありませんでした。触ると、負傷部位とその周辺に痛みがあったので、すぐに冷却し、湿布を貼って授業に戻し、もう一度来室するよう指示しました。担任にけがの状況と様子を報告し、経過を見てもらうよう伝えました。 　二度目の来室で、もう一度負傷部位を確認したところ、痛みを訴えていましたが、軽快しており歩行などはできていたので、打撲だろうと判断し、しばらく安静にするよう指示しました。 　放課後、本人との相談の結果、痛みはあるが、週1回しかない部活(卓球)なので行くことになり、見学参加か腕の動作だけに制限するよう指示しました。 　担任が家庭連絡したところ、家から病院受診をするとのことで、翌朝確認すると、尾骨骨折でした。
ヒヤリハットした原因	腰ばかりを押さえていたので、腰の打撲だと思ってしまい、尾骨骨折とは疑っていませんでした。 　また、普段から体調不良やけがで来室が多く、痛みを頻繁に訴えてくる児童でした。いつもよりも強い痛み、違う痛みという本人の訴えに気づくべきでした。
気づきや課題	尾骨骨折は見た目では気づきにくい分、より丁寧な問診が必要だと思いました。見た目ではわかりにくい部位でも、打ち方や本人の体形、骨の丈夫さなどが関係して、骨折することがあるということを常に頭に入れておくことが必要でした。 　また、普段の本人の気質や来室状況などの先入観から、間違った判断をしてしまうかもしれないという危険性をあらためて痛感した事例です。担任とともに反省しました。

今後の対策の視点	養護教諭は、とくに幅広い医学的知識を持っておくことが必要であり、児童の本当の気持ちをくみ取るために、担任などとともに普段と違うサインを出していないか慎重に観察していく必要があります。 体育や休み時間などにこのようなけがが起こらないよう啓発するために、よくある事例のほか、普段起こりにくいけがの事例なども用いて教職員に周知しようと考えました。養護教諭は日常からさまざまな可能性を教職員に示し、教職員が児童に注意喚起をすることが必要です。

事例 ボールを拾おうとしてバランスをくずした（中学校）

事例2	中学2年生　男子
発生状況	体育の時間にバレーボールの練習をしていて、転がっていたボールを拾おうとしたときに、手を地面につき手首をひねりました。
経過・対応・結果	手首あたりが痛いと来室したので、状況を聞き応急手当をしました。腫れが少しあるかなという状態であったため冷却をして様子を見ることにしました。冷却をした後、部活動前に再来室したときに、状態を確認しましたが、腫れは軽減しており、症状が悪化している様子はありませんでした。本人に痛みの程度を聞くと、「まだ少し痛いので鉛筆をしっかり握って字を書くのはきつい」ということでした。 少し腫れていることと痛みが続いていることから、病院受診を本人に勧め、部活動は無理して参加しない方がいいことを伝えました。本人は、「痛かったら見学するので部活には行く」と主張し、学校からは受診はせず、担任から家庭に連絡をしてもらいました。しかし、家庭への連絡は本人が家に着くのと同時くらいのタイミングになってしまいました。保護者からは、「なぜすぐに病院を受診しなかったのか、なぜ授業中痛みに気づかなかったのか」という訴えがありました。受診の結果、舟状骨を骨折していました。
ヒヤリハットした原因	見た目で腫れがわかりにくかったのと、本人が以前骨折した際の病院での治療が痛くて、病院に行きたがらず少し我慢していたこともあり、判断が甘くなってしまいました。また、けがの発生状況から、骨折はしていないだろうという思い込みが頭のどこかにありました。 手首あたりには神経も通っており、舟状骨は癒合がしにくいということなので、状態によっては手術もあり得るということでした。幸いにも手術の必要はありませんでしたが、受診の結果、骨折していたため完全な判断ミスでした。
気づきや課題	舟状骨という部位の骨折は、見た目ではわかりにくいということを知りませんでした。手腕骨部の形状や特性など詳しい知識があれば、少し腫れている時点で舟状骨かもしれないと脳裏に浮かんでいたと思います。いずれにしても、手首には神経も通っているので、鉛筆が少し握りにくい時点で、すぐに骨折を疑い病院に連れて行くべきでした。そして、発生状況などによる先入観に惑わされないこと、本当はどれくらい痛むのかを瞬時にしっかりと見抜くことができる観察力・判断力が必要だとあらためて痛感しました。

	また、保護者への連絡を素早く誠意をもって行うことは、生徒を大事に思う保護者との信頼関係に大きく関わることです。
今後の対策の視点	養護教諭として、幅広い知識を持つこと、そのためには日々さまざまなパターンやけがを想定して自己研さんすることが必要です。また、事例集などから、わかりにくい骨折にはどのようなものがあるのかを学んでいこうと思います。同時に、本人をよく知る担任や部活動の顧問から、普段との様子の違いなどをしっかり聴くこと、教科担当の教員には授業中のノートをとる様子などを事前に観察してもらうよう伝え、見逃しのない対応、判断が必要です。 　そして、確実な保護者連絡を行うために、病院受診の要不要にかかわらず養護教諭の立場から連絡が必要だと判断したけがについては、「連絡をお願いします」と告げるだけでなく、生徒が帰宅するまでに連絡が確実に入るよう、「何時までに連絡をお願いします」といった明確な連携を徹底していこうと学びました。

ヒヤリハット体験を通して学んだこと

事例1・2は、共に見た目ではわかりにくい骨折でした。今回の事例を通して、骨折はしていないだろうという「だろう判断」ではなく、見た目で腫れなどがあまり認められなくても、もしかしたら骨折しているかもしれないという「かもしれない判断」をしていかなければ、見逃しにつながるとあらためて考えさせられました。

以下に、わかりにくい部位の骨折について、事前の知識が必要だという教訓から、今回紹介した骨折を箇所別にまとめました。

①尾骨骨折

尾骨とは背骨から下に下がった最下部にあるとがった骨のことです。体の中心に位置する尾骨の役目は、体幹のバランスをとることです。

主にスノーボードや交通事故、尻もちをついたなどが原因で、尾骨を骨折してしまうことがあります。痛みが強く、治癒するまでに数カ月かかることがあります。治療法としては、湿布や消炎鎮痛剤の内服くらいしかありません。尾骨骨折は「安静」が一番です。学校生活では、授業中ずっと硬い椅子に座るのはきついので、毛布や座布団などを椅子に敷いて座るなどの配慮が必要になります。

②舟状骨骨折

舟状骨とは手首の中にある小さな骨の1つで、船のような形をしています。

転倒により手のひらを伸展位で地面につくと、普通は橈骨遠位端骨折（コーレス骨折）が起こりますが、10代後半から20代の青年が強くこの状態（手関節が過伸展位）で転倒すると、舟状骨が骨折することがあります。スポーツによる受傷が半数を占めているのも特徴の1つです。橈骨遠位端骨折のときのように腫れが強くなく、骨折のずれが小さい場合は疼痛もあまり強くありません。病院でエックス線検査を受けても骨折が見つからないときがしばしばあります。

舟状骨骨折を疑うのは、「解剖学的嗅ぎタバコ入れ」（長母指伸筋腱と短母指伸筋腱に囲まれた部位）に圧痛がある場合です。子どもが手のひらを地面についてひねったりした場合は、この部位に圧痛があるかを確かめるとよいでしょう。

舟状骨骨折は接骨しにくい骨折の1つです。治療は保存療法と手術療法がありますが、とくに近位部での骨折は近位骨片が壊死（血行障害により骨が死ぬこと）に陥りやすいために、骨癒合まで3カ月近く要することもあり、長期間ギブス固定を行っても癒合されない場合があり

ます。最近は、長期間ギプス固定を行うよりも外来受診で簡単な手術によって、骨折による日常生活の制限を最小限にとどめることができたり、ギプスをはずした後の長いリハビリの必要をなくしたりすることができるので、積極的に手術療法が行われるようになってきています。

今後の改善策と課題

今回のような事例を含め、同じようなことが起こらないように、養護教諭としての専門性の追究はもちろん、教職員間での事例の共通認識・理解を高め、学校全体でけがが起こった背景などを考えること、改善策を導き出すことが必要であると思います。また、子どもたちの不注意が関係して起こるけがが多いので、一人ひとりに事故を未然に防ぐためには日頃からどのように行動したらよいのかを、教職員全体の共通理解のもとに指導していく必要があります。

◇子どもたちへの指導の重点

・体育の前にはしっかりと準備体操を行う。
・先生の言った注意点（たとえば組み体操の各技で気をつける点など）をよく聞き、一人ひとりがそれを意識して取り組む。
・相手を思いやる行動をする。
・競技によっては声かけを確実に行う。
・校舎内でのルールを守る（右側を歩く・走らない）。
・ルールを守らないと、どういったことが起こるのか自分自身で理解する。
・ポケットに手を入れて歩かない。

◇教職員が日頃から意識して行うこと

・始める前の確実な指導（体育の前のルール説明・注意点など）を行う。
・廊下などがぬれて滑りやすくなっていないか日常点検を行う。
・教職員間での情報をしっかりと共有する。
・けがなどをした際の丁寧で素早い対応を徹底する。

改善策の工夫点として、本校では、廊下を走らないように子ども自身に意識させるために、廊下の壁などに忍者の絵と吹き出しで「音を立てずに忍び足で歩かないと敵に見つかるでござる」といった、視覚的で興味・関心を引き出すようなものをラミネートして張っています。また、保健委員会などで、廊下を走るとどうなるのか、ポケットに手を入れて歩くとどうなるのかなどをポスターにしたり朝会で劇を上演したりして子どもから子どもに伝えることで、自分たちで安全な行動をとっていく意識をつけさせることが重要だと考えます。

子どもたちが、小さなけがから何を学ぶかが重要だと強く感じます。次は何に気をつけたら同じけがをしないのか、もしかしたら今回は小さなけがだったけれど一歩間違えれば大きなけがになっていたかもしれません。そういった危機意識が本当に備わっているだろうかという点はまだまだ疑問があります。養護教諭として、子どもたちにけがから学んでもらうためには、ただ説明だけになってはいけないと感じます。多いけがを抜粋して紙芝居を作製したり、保健室前以外の廊下にポスターを張ったりと、今後も試行錯誤が必要だとあらためて感じました。

また、養護教諭一人では絶対に危機回避はできません。常に学校全体での危機管理に対する強い意識が必要だと感じました。養護教諭として、保健室でさまざまなけがに対応することが多い職務の特質を生かして、大きなけがにつながりそうなけがの発生状況などを教職員に発信し注意を喚起するとともに、データとして報告したり、他校の事例を紹介したりすることで自校での危機管理につなげていきます。

参考資料：一般社団法人　日本骨折治療学会
https://www.jsfr.jp/ippan/condition/ip23.html

随伴事象が隠れていた ボールでのけが

図 けがの原因別来室割合

平成25年度

- 脱臼 0%
- 捻挫・突き指 10%
- 骨折 22%
- 裂創・挫創 32%
- 歯のけが 26%
- 打撲 10%

平成26年度

- 脱臼 5%
- 骨折 26%
- 裂創・挫創 16%
- 歯のけが 16%
- 打撲 5%
- 捻挫・突き指 32%

事例の学校では突き指の来室児童が急に増えた時期がありました。その中には受診した結果、剥離骨折や関節の骨折と判断された児童もいました。

あまりに同じ症状の負傷が増えるという状況下において「突き指は子どもの不注意による発症ばかりではないのでは?」また、「これらの負傷は、学校管理面でも事前に対策できたのではないか?」と、児童の何げない一言により気づかされた事例を紹介します。

この事例のおかげで、教職員全員の協力のもと、同様の負傷が以後は激減しています。

右図で示したように、これまでは保健室のけがの来室状況を見ると、平成25年度のような割合になることが多かったです。しかし、平成26年度の来室統計を取ってみたところ、「捻挫・突き指」の項目の割合が増えていました。

本校では、学級に硬いゴム製のボールと、軟らかいソフトのボールを運動場の脇に置いており、休み時間になると子どもたちが自由に使ってよいことになっています。

事例 硬いボールでのけが(小学校)

事例1	小学4年生（左手関節捻挫）
発生状況	2時間目と3時間目の間の20分の休み時間に、運動場で友だちとドッジボールに使用する硬いボールでキャッチボールをしていました。その際に飛んできたボールを取り損ねてしまい、左手の指先をかすめ、中指に強く当たり、その際負傷しました。
経過・対応・結果	本児童の判断で、負傷した当日は痛みがひどくなかったため保健室には来室しませんでした。しかし、次の日に痛みと内出血を訴え保健室に来室しました。腫れは見られなかったのですが、30分ほど氷水で冷やし、その後湿布薬と包帯で固定した状態で経過観察し、帰宅させました。翌日になっても症状が改善しないと来室したため病院受診を勧めました。家庭より整形外科を受診したところ結果として、左手関節捻挫（突き指）とのことでした。

事例2	小学6年生（右母指示節骨骨折）
発生状況	6時間目のクラブ（球技クラブ）の時間に、運動場で硬いボールでドッジボールをしていました。飛んできたボールを受け取ろうとした際に受け取り損ね、地面にバウンドしたボールが右手親指に強く当たり、負傷しました。
経過・対応・結果	授業の終わりに保健室に来室し、受傷部分の右手親指を確認しました。受傷部分に圧痛はありましたが、可動制限や介達痛※・腫れ・内出血などは見られなかったため、30分ほど氷水で冷やしたのち、痛みが治まったとのことなので、湿布薬を貼り、包帯で固定して帰宅させました。帰宅後に痛みが再発したため、家庭より病院を受診したところ、右母指示節骨骨折とのことでした。

※骨折の患部から離れた場所を刺激した際、患部に生じる痛みのこと。

事例　ソフトボールでのけが（小学校）

事例3	小学3年生（右小指中節骨骨折）
発生状況	放課後友だちと運動場で遊んでいて、ソフトボールでボールの投げ合いをしていました。その際、飛んできたボールを受けようとしたところ、右手の指先に強く当たり負傷しました。
経過・対応・結果	しばらくして痛みを感じたため、保健室に来室。その際右手指先の受傷部分を確認したところ、腫れや内出血・介達痛はありませんでした。可動制限が少しありましたが、15分ほど氷水で冷やしたところ、痛みは治まり、可動域も少し広くなったため湿布薬を貼り包帯で固定して帰宅させました。次の日になっても痛みが続くようであれば、病院を受診することを勧めました。次の日になっても改善しなかったため、家庭より病院を受診したところ、右小指中節骨骨折とのことでした。

事例4	小学2年生（右母指示節骨骨折）
発生状況	中間休みに、運動場でソフトボールを使ってドッジボールをしていました。その際、友だちが投げたボールをキャッチし損ね、右手親指に強く当たり突き指をしました。
経過・対応・結果	本人の判断で、痛みが強くなかったため、保健室にはすぐに来室せず3時間目の授業に向かいました。給食時間の頃になり、痛みが出てきたため保健室に来室しました。腫れ・内出血・介達痛はみられませんでしたが、指を曲げると少し痛むとのことであったため、氷水で20分ほど冷やして経過観察しました。その後、痛みを感じなくなり指を動かせるとのことだったため、湿布薬を貼り帰宅させました。帰宅後、再び痛みが出てきたため、家庭より整形外科を受診したところ、右母指示節骨骨折とのことでした。

ヒヤリハット体験を通して学んだこと

この年度は例年に比べて突き指での来室者が多く、低・中・高学年に限らず負傷する児童が多いなと気になっていましたが、けがの対応に追われる中で「子どもは軽い突き指で来室するな」と安易に考えていました。

突き指での来室は、硬いボールで遊んでいた児童に限らず、ソフトボールでもみられていました。ソフトボールでも突き指をするくらいなのだから、ボールの扱い方の問題だと決めつけ、キャッチする際に気をつけることなど、ボールの扱い方についてばかり指導していました。

事例でもあげていますが、低学年の児童がソフトボールで負傷し、来室した際に同じようにボールの扱い方について指導していたところ、「だってあたったらめっちゃいたいねんで、まっかになるもん。ほんまこわい。ドッジボールすきじゃないわ」という一言を聞きました。

ソフトボールなのにそんなに痛いかなと思い、ボールを確かめに行くと、ボールがカチカチになるまで空気が入っている状態で、押してもたわみの少ない状態でした。他の学年のボールも同様でした。

児童の「ボールの扱い方」ばかりに気を取られていて、ボール自体に問題があるとは思いも

寄らぬことだったので、これは危機管理の点では反省しなければと考えさせられました。

なぜボールがカチカチになるまで空気が入っているのか考えたところ、当該校ではボールの空気入れを児童が自主的にいつでも使えるように管理していました。そのため、児童は加減がわからず、とにかくよく跳ねるようにしたいからと空気を目いっぱい入れていたと考えられました。また、ボールに入れる空気の量の目安などを指導する機会は設けておらず、空気量の目安を表記したり、空気入れの近くに掲示したりするなど、空気入れの際の留意点を示していませんでした。

対策

すぐにボールの貸し出し管理である体育主任・管理職に報告し、ボールの貸し出し方法や使い方について検討しました。今回の件で、ボールの空気は教職員が適切な量を入れることが事故につながらないためには大切であると意見が一致しました。

すぐに全教職に伝達して、子どもたちにも空気を入れてほしいときは職員室に来て、教職員が空気を入れる体制を整えました。それからは、本校では「教職員が空気を入れること」「ボールの適切な空気量」を周知徹底しました。

また、保健だよりでもボールの扱い方として、適切な空気量を記載したものを発行し、子どもたちにもボールに入れる空気の適量を知る機会を設けました。

今後の課題

ボールのけがだから、子どもたちが原因を説明できたからと、けがをした原因を直接見に行くことを怠っていた点も、今回反省すべき点であると感じます。けがをしたということは必ず原因があり、再発しないよう検討する必要性をあらためて感じました。

成長途中の子どもたちにとって、骨折は骨の成長に関わってくるため、軽視できないけがです。骨折が原因で機能障害を残すことは十分考えられます。骨の端は関節を構成する部分でもあるので、「骨折」を見逃すことは関節の機能障害を引き起こす危険なことです。指の長さが違ってきたり、指の可動域に制限が出てしまったりなども考えられます。

今後は予防のために教職員の組織としてのルールの徹底はもとより、子どもたちへの突き指のけがや、骨の成長に関しても保健指導をしていく機会が必要であると感じています。

けがの数が減少してからしばらくして、また突き指が増えた時期がありました。けがが増えた原因は体育倉庫のボールを使っての体育の授業が始まった頃からでした。ボールを使った授業がしばらくなく、以前の児童が空気を入れてカチカチの硬さにしたものを使用していました。

空気を確認したのは学級に配分されているボールだけで、体育のボールや部活動で使う分を確認していませんでした。これらも大きな反省点です。

中でもバスケット部の活動で使うボールは、よく跳ねないといけないという理由で、カチカチの硬さに空気を入れて使っていたのです。

この部活動ではけがが多く、その大半が突き指での来室です。バスケットボールを体験する上で、発達段階に応じた道具を使うことも大切ではないかなと感じました。けがに対する危機意識を全体が同じように持つことのむずかしさを痛感しました。

また、教職員向けのけがへの対応の研修などを積極的に設定していくと注意喚起になると考えています。校内全体で危機感を持つ手だてを考え、子どもたちのけがを防ぐことにつながるように、養護教諭として自己研さんしていかなければいけないなと感じた事例でありました。

歯の外傷

子どもたちは、小さいけがを通して簡単な手当ての方法やどうすれば予防できるかを学びます。しかし、大きなけがの場合は、まず子どもたちに安心感を与えることも養護教諭の役割だと思います。

何より大切なことは適切で素早い判断と対応です。出血がある場合は、パニックに陥る子どももいます。それは保護者も同様です。養護教諭として、担任として、学校として何が必要であるのかを今回の事例を通してあらためて考えさせられました。

本稿では、歯の外傷事例について「初期対応の大切さ」「本人と保護者への配慮」「専門的視点からの選択肢の提示」の観点を取り上げ、反省点や改善策とともに紹介します。

事例　走った際に滑り、壁に前歯をぶつけた（小学校）

事例	小学4年生　女子
発生状況	休み時間、芝生のある所で遊んでいたときに、少し走った際に滑って壁に前歯を強くぶつけました。
経過・対応・結果	一緒に遊んでいた周りの友だちが急いで保健室まで状況を伝えに呼びに来てくれました。すぐに大きめのガーゼなどを持って現場に行きました。すると、口元や手、服が血まみれになっている状態で立っていました。芝生の地面も血で赤くなっていました。 まず保健室に連れて行き、他の先生を呼んで来るよう周りの子どもに頼みました。本人は、涙を流しながら「大人の歯なのに」と言っていました。歯を確認すると前歯2本が見えない状態であったため、抜けているか折れているかのどちらかだとすぐにわかりました。筆者（養護教諭）は不安な気持ちを少しでも取り除いてあげられるように、血がついている部分を水で洗い流しました。口にも血がたまっていたため吐き出させて、うがいするように促しました。止血をしている間に、他の教職員に、歯が落ちていないか保存液を渡して探しに行ってもらいました。本人は、不安は大きかったと思いますが、保健室では落ち着いて座っていました。 担任教諭（以下担任）から保護者に連絡をしたところ、かかりつけ歯科医がいなかったため学校近くの歯科医院に行く許可をもらい、更衣後、歯科医院へ連れて行きました。歯はまだ見つかっていなかったため、見つかったらすぐに歯科医院まで持ってきてもらうようにお願いしました。 歯科医院に着いてすぐに保護者と合流できました。母親は子どものけがの状態を確認して少しパニック状態になっていました。受診の結果、歯は折れた状態で根元は残っており、歯槽骨は骨折していないがおそらく神経は死んでいるだろうということでした。当初は「出血が多かったため患部が詳しく見られず、正しい判断はまだできない」と歯科医師から告げられました。 その後、保護者同士の情報交換などもあり、別の歯科医院に転医されまし

	た。転医先で、骨折していることがわかり、歯が陥没しているため、すぐに陥没部分のみを引き出す必要があるということで処置をされました。 　今は数カ月に一度の経過観察で通院しています。きれいに折れた部分の前歯を補うことができていて、食べることや見た目も問題なく過ごすことができています。
ヒヤリハットした 原因	完全に前歯が見えない状態だったので、確実に歯がどこかに落ちていると思いました。しかし、どんなに教職員で探しても見つかりませんでした。この年齢で前歯2本が全く自分の歯でなくなるかもしれないと思いヒヤリとしました。 　転医して、歯槽骨の骨折や陥没がわかり、すぐに適切な処置がなされました。転医先の歯科医院は、歯の外傷や骨折などの治療をよくされている歯科医院だったようです。転医していなかったら、骨折や陥没の処置が遅れていたかもしれません。歯は一生大事に使用する体の一部であり、今後を考えるとヒヤリとしました。
気づきや課題	出血が多く、本人の不安の軽減はもちろん、周囲の子どもたちの安心の確保が必要だと思いました。本人の不安の軽減のためにも血液を水で洗い流しましたが、もしかしたらそのときに折れた歯も一緒に流してしまったかもしれないと気づきました。手や口の中を洗ったり、服を着替えたりする際には、折れた歯や抜けた歯が付着していないかも、注意深く確認することが必要だと思いました。 　また、今回は状況を知った他の教員たちが、すぐに歯が落ちていないか探しに行ってくれました。抜けたり折れたりした歯は、元に戻すことができる可能性を知識として持っていたからこその素早い行動だったと思います。その後、歯科医院に着いた父親も学校まで歯を探しに行かれました。見つからなかったものの「学校の先生方が必死に探してくれていて感謝しています」と状況をしっかりと受け止めてくれました。保護者が納得のいく適切で丁寧な対応が信頼につながるとあらためて感じました。 　転医先の情報は、保護者間の紹介でした。外傷には評判の良い歯科医院だったようです。当校に異動して間もないため、養護教諭に豊富な情報がありませんでした。歯科医院の中でも専門にしている分野がそれぞれあると思うので、養護教諭として事前に情報を収集しておくべきでした。
今後の対策の視点	対策の視点を以下のように3点あげました。 1：本事例のようなけがが起こらないようにすることです。芝生の場所は子どもに人気があり、多く集まる場所でもあります。そのため、走らない遊びをするよう指導していました。しかし、今回は鬼ごっこなど明らかに走る遊びをしていたわけではなく、何かのタイミングで少し走ってしまったときに、滑って歯をぶつけた事例です。他にもチャイムが鳴った後、急いで走って芝生を出て行く子どもたちがいます。遊びではなくても走っていないかを大人の目でしっかり見て、声をかけるようにしています。 2：永久歯の外傷は新しく生えてこないだけでなく、体のさまざまな場所に影響が出ることを日頃から子どもや保護者に伝えていくことが必要だと思います。自ら大切な歯を守ることができるよう、今後も一層保健教育に力を入れたいと思います。 3：養護教諭として病院の詳しい情報をできる限り収集していきます。けがの種類や程度に応じて、より保護者と子どもが納得のいく治療が受けられるようにしたいと思います。

ヒヤリハット体験を通して学んだこと

【初期対応の大切さ】

　歯の外傷は校内でよく見られます。今まで、乳歯がぐらついたり歯茎から出血したり、永久歯が欠けた事例を数件経験しましたが、大事には至りませんでした。しかし、今回の事例では永久歯の破折、陥没、歯槽骨の骨折と非常に大きな外傷でした。

　最初、前歯が半分以上見えていない状態だったため、一目で急ぐ必要があると思いました。折れているか抜けているのか出血でわかりませんでしたが、永久歯ということはわかったので、すぐに歯を探してもらうよう応援を頼みました。今回は残念ながら見つからず、歯科医からも、もう接着することはできないと言われたため諦めましたが、場合によっては元に戻すことができる可能性もあります。しかし、時間がたったり歯の持ち方を誤ったりすると神経が死んでしまい接着しなくなります。もし養護教諭が不在であった場合でも、適切な対応ができるよう日頃から初期対応について周知しておくことが重要だとあらためて思いました。

　以下に、歯・口の外傷の初期対応の流れについて再度整理することにしました。

①外傷の程度にかかわらず実施すること

*受傷状況の記録（教員、スポーツ指導者）

*周りにいる人に事故を知らせる

②受傷状況の確認の流れ

*意識障害・他部損傷

・意識がない、呼吸していない、呼びかけても返事がない、歯・口以外のけがもある

　→救急車の手配、心肺蘇生、AED

　→医療機関（医科・歯科病院）

*顔面・口周辺の損傷、歯・口周辺に限局した損傷

・出血、歯がぐらぐらしている、歯が陥入した

　→止血する、冷やす

　→学校歯科医・掛かり付けの歯科医を受診

・歯が抜けた、歯が欠けた

　→抜けた歯や破折片を保存液に入れる（保存液がなく、やむを得ない場合は牛乳で代用する。抜けた歯の根は触らない）

　→学校歯科医・かかりつけの歯科医を受診

【本人、保護者への配慮】

　今回の事例では、受傷時本人が「大人の歯です」と泣きながらくり返し言っていました。永久歯はもう生え替わらないことをよく知っていたためです。痛みと本人のどうしようという不安を少しでも和らげるために、養護教諭はもちろん他の教職員が受傷部位を見て過度に驚いたり不安そうな顔をしたりしてはいけないとあらためて思いました。

　歯科医院に到着してから保護者と合流し、本人のけがの状態を見た母親が本人以上にショックを受けて涙を浮かべていました。できるだけ保護者に寄り添い、話をするようにしていました。父親も歯科医院に到着してから、学校まで歯を探しに行っています。子どもや母親、その場にいた養護教諭にはとても冷静に接してくれていましたが、子どものために何か動かなければという思いが強かったようです。学校では教職員が必死に歯を探していたため、父親もその思いがうれしかったと伝えてくれました。当たり前のことですが、けがをした子どものために最善を尽くすことは学校としての務めであるとあらためて感じました。

【専門的視点からの選択肢の提示】

　今回の事例では、学校近くの歯科医院から外傷の処置を数多くされているという歯科医院に転医しました。学校近くの歯科医院では出血が多く診断が難しい状態でしたが、骨折や陥没の事例をたくさん見てこられた転医先を受診してみることは、保護者としてできる限りのことはしてあげたいという強い思いからでした。

　当該校に異動して間もなかった養護教諭は、

外傷の事例経験の多い歯科医院の情報を把握できていませんでした。転医しなくても、後日詳しく検査をすれば同じ診断であったかもしれません。正解・不正解はわかりませんが、少しでも保護者が納得する治療ができるように、選択肢を提示することは養護教諭の務めだったように思います。歯科に限らず、顔面のけがや頭部のけがでも同じことがいえると思います。保護者と相談しながら、専門的視点から選択肢を提示できる養護教諭になりたいと、今回の事例を通して強く感じました。

今後の課題と改善策

同じようなけがが起こらないために、芝生を走らないよう子どもたちに指導していく必要があります。しかし、なぜ走ってはいけないのかを伝えて指導しても、どうしても走ってしまう子どもたちがいます。廊下も同じです。走っていてぶつかってけがをすることも多々あります。自校では、休み時間には教職員が廊下に立つことにしました。くり返し言い続けることで、少しずつではありますが、子どもたちに浸透してきたように思います。自己管理能力の高い子どもは、走っている子を見ると「そこは走ったらあかんで」と教職員と同じように声をかけてくれるようになりました。低学年の子どもたちは、年上のお兄さんお姉さんに注意される方が効果的なケースがあります。子どもたちを巻き込んで、一緒に安全な行動が取れる子どもたちを育てていきたいと思います。

また、歯の大切さをどれだけ子どもや大人がわかっているかも大切です。永久歯は、さまざまな行為を行う上で欠かせません。生え替わりの時期である小学校段階で、歯の大切さを十分に子どもたちに伝える必要があります。

当校では、6月に保健指導で歯の大切さについて話しました。また、プラークテストを各学級で実施し、永久歯は失うと新しく生えてこない

ということをここでもくり返し伝えるようにしています。外傷の予防だけでなく、むし歯予防の指導を通しても永久歯の大切さをくり返し伝えていくことが養護教諭の務めだと感じています。

以下に、保健指導の内容を紹介します。

〈2年生〉「歯の王さまをむし歯きんからまもろう」

第一大臼歯（6歳臼歯）が生えてくる時期であることを伝え、歯の王さまといわれるほど力持ちで大切な歯であること、しかし一番むし歯になりやすい歯であることを押さえます。一番奥に生えてくる歯で背が低いため、みがきにくいことを理解した上でプラークテストを実施します。大人の歯は子どもの歯と違い、抜けたり折れたりすると、もう生えてこないということを知ってもらいます。

〈3・4年生〉「むし歯ゼロを目指そう」

歯垢の正体を理解します。歯科検診で歯垢といわれていないかも思い出すように声かけします。生え替わりの時期で、背の高い歯や背の低い歯があり、でこぼこしてみがきにくいことを押さえた上でプラークテストを実施します。大人の歯がむし歯になると歯が溶けてしまい、自分の歯で食べ物をかんだり、おいしく味わったりすることができなくなることも伝えています。

〈3・4年生〉「よくかんで食べよう」

よくかんで食べることでどんなメリットがあるのかを伝えます。そして、よくかむためには健康で丈夫な歯でないといけないことや、大人の歯を一生かけて大切にしなければいけないことを理解します。

〈5年生〉「歯を大切にしよう」

歯肉炎など、むし歯以外にも歯が抜ける原因になることを伝えています。大人の歯は生え替わらないことをくり返し伝え、歯の外傷についても触れます。高学年なので、折れた歯は元に戻ることがあるということも伝えます。簡単な応急処置についても指導します。

参考資料　一般社団法人　日本学校歯科医会

歯の陥入

本稿では、口と歯のけがの中でも判断に迷ったり誤ったりしやすい「歯の陥入」の事例について、2校の小学校で遭遇した「ヒヤリハット体験」をふり返り、歯の外傷に関する知見を確認し合い、校内全体で見直してきた点や改善策について検討してきた内容を紹介します。

事例 転倒して、前歯を強打した(小学生)

事例1	小学1年生　男子
発生状況	掃除の時間に教室の椅子を運んでいて、つまずいて転倒しました。その際、椅子の鉄の部分で上の前歯を強打し、負傷しました。
経過・対応・結果	強打した前歯の周囲からの出血があったため、うがいをさせて、詳しく口腔内を観察しました。歯肉から少し出血があり、上唇に少し腫れがありました。痛いのとびっくりしたのとで、本人は泣いていたので優しく声をかけながら、ゆっくりと転倒したときの状況を聞き取り、口腔以外にも負傷していないかを確認しました。歯の長さが半分程度だったので、生え替わっている途中の歯を打ち付け、歯肉から出血している状態であると判断しました。 　応急処置をして、保護者に連絡する前に、もう一度念入りに口腔内を観察していくうちに、「いや、まてよ。もしかして、これは…」と『陥入』であることに気が付きました。
ヒヤリハットした原因	本人が1年生だったことで、生え替わっている途中の歯であると思い込んでしまい、『陥入』であることに気づけませんでした。保護者に連絡をする前に再度確認したことにより、判断違いを防ぐことができました。しかし、ヒヤリとした瞬間でした。
気づきや課題	いろいろな状況を想定し、思い込みで判断しないこと、そして、できるだけ詳しく聞き取りを行い、受傷部分を丁寧に観察することにより、誤った判断を防ぐことが大切だと感じました。
今後の対策の視点	本校は児童数が多いため、休み時間でのけがの発生件数も多いです。日頃から校舎内での過ごし方や、運動場や校庭での遊び方について、けがを防ぐための指導を強化し、全校児童が効率よく安全に、そして楽しく活動できるよう、教師が話し合い、さまざまな取り組みを行っています。 　また、危険箇所を定期的に点検し、遊具の点検や整備も迅速に行っています。いろいろな場合を想定し、事故を未然に防止できるよう、教師一人ひとりが常に正しい判断力と観察力をもつことが必要であると思います。また、事故を未然に防止する意識を児童自身が高めていくための指導も、さらに強化していく必要があると思います。

事例2	小学2年生　男子
発生状況	休み時間、教室で走って遊んでいたところ転倒し、机で歯を打ち、負傷しました。
経過・対応・結果	口腔内に出血があったため、うがいをさせて、受傷部分を観察しました。負傷した歯が、隣の歯に比べ高さが半分ほど低くなっていました。「萌出途中の歯の打撲」か「歯冠破折」が頭に浮かびました。 　本人に萌出途中の歯かどうかの確認をしましたが、低学年で、気持ちも動揺していたため、はっきりとはわかりませんでした。負傷した歯の状態から「歯冠破折」には疑問がありましたが、念のため教室に歯が落ちていないか担任に探してもらいましたが見つかりませんでした。 　歯肉から出血があったため清潔なガーゼを当て、口腔内や顎関節の様子、転倒時に他の部位を負傷していないかを確かめました。 　保護者に連絡し、歯科医院を受診した結果、『歯の部分陥入』でした。歯は見つからないわけです…。
ヒヤリハットした原因	幅広い知識を持って、もっと丁寧に観察していれば、気づくことができたのかもしれません。『陥入』は初めて見る症状だったこともあり、疑いを持つことができませんでした。
気づきや課題	歯・口のけがは、時に重篤な症状を伴うことがあるため、冷静かつ丁寧に観察し、適切な初期対応を行うためにも、歯・口のけがの概略を知っておかなければならないと思いました。間違った初期対応を防ぐため、歯のけがの応急処置について職員にも説明をしました。
今後の対策の視点	休み時間は、教師の目が届きにくくなる時間帯です。ルールや決まりを守り、安全に気をつけて行動するように指導していても不注意によるけがが起きるのは、潜在危険に気づいていなかったり、児童と教師では危険の感じ方に違いがあったりするからだと思います。ルールを作ったり教えたりすることだけに終わらず、なぜルールを守らなくてはいけないのかをきちんと理解し、行動できる子どもを育てる指導を学校教育全体で取り組む必要があります。そのために養護教諭として学校安全に関わる改善すべきことは何かということを積極的に検討して情報発信していかなければならないと感じました。

ヒヤリハット体験を通して学んだこと、実際の改善策

　事例1と2の「歯の陥入」を通して、あらためて口と歯に関わるけがの基本的な理解と対応についてふり返ってみるいい機会となりました。歯の外傷は、本校を含め、学校でのけがの中でも頻度の高いものです。そこで、歯の外傷についての知識を確認し合い、次に備えることにしました。

《歯の外傷の正しい理解と適切な対処について》

　以下に外傷の種類別に列記いたします。

○歯冠破折

①**不完全破折**：歯に破折線を認めるが歯は欠けていません。痛みに持続性があるかないか観察していきます。

②**完全破折**：歯が欠けている状態です。歯髄に到達しない場合と到達した場合とがあります。歯髄に到達しない場合の痛みは歯根膜炎で一過性です。歯髄に到達した場合には拍動性の自発痛が出現するし、折れた部分からピンク色の歯髄が見えたり、出血が確認できたりします。歯髄に達している場合には

歯髄処置が必要です。歯科医師に「折れたときの状況と時間」を告げることが大切になります。

○歯根破折

①歯冠側破折：歯冠に近い部分の歯根破折で動揺と自発性の痛みがみられます。こちらも歯科医院での処置が必要になります。

②根尖側破折：歯根の先端部分での歯根破折で動揺はなく、疾病も一過性のことがあります。一般的には見た目では何の変化もみられません。歯髄が断裂している場合には、将来、歯の色が黒く変わったりすることもあります。

○脱臼

①不完全脱臼：歯が周りの歯と比べて出っ張っていたり、傾いたりして動揺があります。
自発痛と打診痛ならびに歯肉からの出血があります。

②完全脱臼：歯がすっぽりと脱落している状態です。自発痛と出血が認められます。

○陥入…今回紹介した事例の場合です。

①部分陥入：歯が骨の中に埋入している状態です。隣接する歯と比較するとその長さが短くなっているように見えます。自発痛と出血があります。

②完全陥入：歯が骨の中に完全に埋入してしまった状態です。自発痛と出血が著しくなり、周囲の外傷の状態も重症であることが多いです。

※陥入に対する基本となる処置

陥入に対しては、周囲軟組織や歯槽骨の損傷を伴い出血も多いので、状態に応じた対応をとりますが、外傷の範囲も大きいことが多く、子どもも心理的なダメージが強くなるので留意したいところです。意識の状態を確認して、安心を与えるように支援していきます。

陥入に対する歯科的処置としては、経過観察、外科的整復および抜歯の三者択一になるようですが、歯科医療機関で診査をしないとわかりません。したがって、現場ではそのときの除痛と感染防止を図る当該損傷部位の消毒・洗浄に努めた後、歯科・口腔外科へ送るのがよいとされています。（日本スポーツ振興センターポータルサイトより抜粋）

《歯の外傷の受傷後の対応について》

歯の外傷は受傷後の対応に細心の注意を払うことが必須と考えます。とりわけ歯の外傷の場合、受傷歯の安静が大切であり、前歯を受傷した場合は、食事の際に食べ物を前歯でかみ切ることは避けなければなりません。

歯科医の指示に従って受傷の程度に応じた安静期間の間は、硬くて大きさや長さのある物は避け、軟らかくして、かみちぎらなくてもよい大きさに切り、できるだけ奥歯で食べるよう、保護者および学級担任に連絡をしています。そして食後は、受傷部分の感染を防ぐために受傷の程度に応じて、うがいまたは軟らかい小さめのブラシでケアするよう指導しています。

歯が脱落した場合、至急に歯を回収して保存液に浸し、歯科医を受診しなければなりません。学校歯科医に相談したところ、保存液は牛乳でも可能ではあるけれども、牛乳に対してアレルギーをもつ児童もいるため、歯牙保存液か生理食塩水が望ましいとのことでした。

当該校では生理食塩水（20ミリリットル×10本）を常備しています。一度開封すると保存がきかないので、少量のものが便利です。

当該校では、毎年保健だよりで「歯のけが」について特集し、歯が折れたり脱落したりした場合の注意事項について、初期対応を間違わないように全職員および保護者に呼びかけています。

その他、考えられる状況について

「思い込みで判断しない」という言葉は、応急手当てに際する教訓となっています。

けがで来室した児童に、**①どこで　②何をしていて　③どのように　④体のどの部分を　⑤どう傷めたか**を詳しく聞き取り、周りでその状況を目撃した児童や教師がいた場合は詳しく聞き取り、できるだけ多くの情報を収集することが大切だと考えます。また、なぜそのような事故やけがが起こったのか、原因となる状況が現場にないか、実際にその場所に行って確かめることも必要であると思います。

今回の歯の外傷の場合、児童の歯のデータとも照らし合わせ、歯が折れていないか、歯のぐらつきやゆがみはないか、痛みや出血はないか、

歯肉や口腔内のけがの状況、かみ合わせたときの不具合や違和感等、負傷児童から詳しく聞き取り、正しい情報を医師に伝えることが肝要です。

歯の外傷は、とくに初期対応が大切です。日頃からの地域歯科医とのネットワークを密にし、迅速な対応ができるよう取り組んでいきたいと思います。

以上のことから、最も重要なことは、「細部にわたる観察と聞き取り」であったと実感しました。

今後の改善

今回のような事例を含め、同じような事故を起こさないために、子どもたち一人ひとりに事故を未然に防ぐための意識の向上をどう図ればよいのか、職員全体の共通理解のもと、指導していく必要があると思います。

子どもたちへの指導の重点
◇遊びのルールを守る
◇運動場の使用ゾーンを守る
◇遊具を正しく使う
◇校舎内では静かに過ごす
　・教室や廊下の右側を静かに歩く
　・道具は正しく安全に使う
　・身の回りの整理整頓をする
◇登下校中の安全に気を付ける
　・走らないで、きちんと並んで歩く
　・交通ルールを守る
　・ポケットに手を入れて歩かない（とくに冬場）

これらの安全指導の内容は、どちらの学校でも指導されている事項だと思いますが、くり返し子どもたちに指導し、子どもたちの意識を高めていくことが大切だと実感しました。保健室では、来室した子ども一人ひとりに、「どうしてけがをしてしまったのか」「遊具は正しく使っていたか」「遊びのルールは守っていたか」「道具は正しく使用していたか」など、言葉かけをしながら、けがをしてしまった原因は何だったのかを考えさせたり、どうしたらけがを防げたのかを一緒に考えたりしながら、指導を強化していきます。

また、集団生活の中で、ささいなことでけん

かになり、けがをしてしまうケースもあります。養護教諭は常に担任との連絡を密にとり、双方の話を詳しく聞き取り、子どもの気持ちに寄り添いながらていねいに対応し早期解決に導いていくことが大切です。素早い対応が不可欠です。

今回の事例を通して、養護教諭として校内の安全教育活動をふり返り、遊び方の指導を見直し、危機意識の向上のため指導の強化について発信していく必要があると強く感じています。

成果と課題

さらに、事例2「歯の陥入」を通して、危険予測・危険回避能力の育成について対策を検討していきました。

・保健室での応急手当てにとどまらず、けがの原因を自ら考えさせ再発防止の個別指導を担任・家庭と連携して行うこと。
・事後対応としては身体面だけでなく心のケアも、家庭、関係機関、学校で連携してサポートしていくこと。
・過去に発生したけがの事例を活用し、危険な行動や場所などを具体的に挙げて、体重測定時に保健指導を行い、その他、児童健康（保健）委員会による校内ビデオ放送・保健だよりで全校児童に発信すること。
・けが発生時には聞き取りだけでなく、現場に行き発生状況の確認や安全確認を十分行うこと。

などを見直し、実践を進めています。そうすることで、顕在危険の見落としや潜在危険に教師も気づくことができます。けがの発生状況から遊具の使用方法を見直したり、環境改善したりする場合もあります。ヒヤリハットしたけがが起きた場合には、その都度職員へ周知し、学級指導するようになりました。けがの統計資料等から問題を見つけ原因を分析し、改善点が見つかれば迅速に対処しています。廊下での転倒や衝突が続いたときは、生活指導部の教師が中心となって、休み時間に廊下の曲がり角で声かけをして廊下歩行の指導をするようになりました。子どもたちの実態把握にもなります。

また、子どもたち同士で声をかけ合う姿が多く見られるようになりました。遊具でのけがが

多い低学年は、新学期初めに遊具の設置場所に行き、けがの事例も取り入れながら遊具の使い方の説明や安全指導を担任に行ってもらうようにしました。注意が必要な活動や作業前には、担任が学級全体に指導をしていますが、気になる児童には個別に声かけをしてもらうよう担任にお願いすることで、けが発生のリスクが下がります。

指導後は子どもたちの安全に対する意識が高まり、行動の変化も見られます。同時に、職員の危機管理意識も高くなり、発信していくことの大切さを実感するところです。ただ、日がたつにつれてこれらの意識は薄くなりがちです。児童に危険予測・危険回避能力をしっかりと身につけさせるためには継続して取り組んでいきたいです。

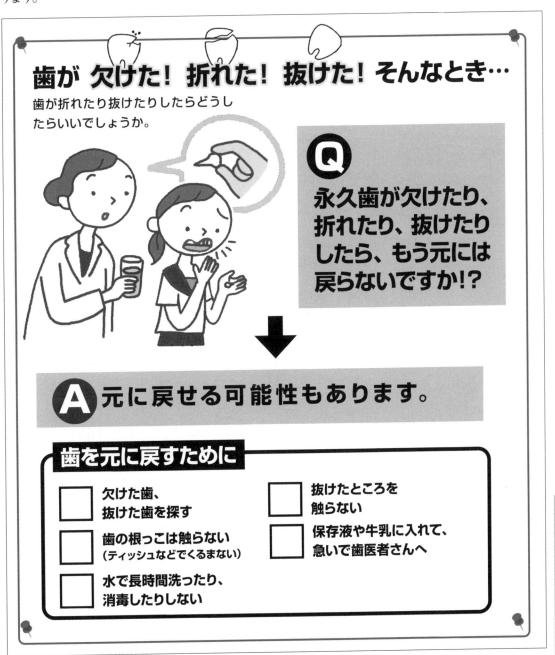

歯が 欠けた！ 折れた！ 抜けた！ そんなとき…

歯が折れたり抜けたりしたらどうしたらいいでしょうか。

Q 永久歯が欠けたり、折れたり、抜けたりしたら、もう元には戻らないですか!?

A 元に戻せる可能性もあります。

歯を元に戻すために

- ☐ 欠けた歯、抜けた歯を探す
- ☐ 歯の根っこは触らない（ティッシュなどでくるまない）
- ☐ 水で長時間洗ったり、消毒したりしない
- ☐ 抜けたところを触らない
- ☐ 保存液や牛乳に入れて、急いで歯医者さんへ

資料ダウンロード可

頭部打撲

学校は、子どもたちが安心して楽しく学び、遊び、集団生活を送ることができる場であることが第一の条件であると思います。しかし、ある日突然、命に関わるけがや事故に遭遇します。

本稿では、「報告・連絡・相談そして記録」の大切さと、大丈夫だろうか、万が一の最悪の事態は起こっていないだろうかと「疑う意識」の大切さの重要性を体験しましたので、以下に紹介したいと思います。

事例 回転遊具から落下し、頭部を打撲した（小学校）

事例	小学2年生　男子
発生状況	昼休みに球形型の回転遊具でAくんは友だちと遊んでいました。Aくんは真ん中より上の方に乗ってぶら下がっていました。友だちが回転遊具を回した、そのときに、Aくんは手が滑って落下し、頭部を地面で打ってしまいました。
経過・対応・結果	一緒に遊んでいた友だちがすぐに保健室に連れてきました。保健室に歩いて来たAくんの頭部の状態（腫れや出血）、顔色・吐き気や全身状態などの観察と問診をしながら、患部を氷で冷やすなどの応急処置を行いました。 　管理職（教頭）と学級担任教諭（以下、担任教諭）に、すぐに報告しました。校長は、出張で不在でした。5時間目は保健室で様子を見ました。頭部に少しだけ腫れと痛みがありましたが、吐き気はなく、眠気が出てきました。その後も随時、管理職と担任教諭には様子を連絡しました。 　その後、とくに変わった様子は見られませんでしたが、急変するかもしれないと心配だった私は、保護者の迎えと病院受診を勧めるお願いの連絡をしてほしい旨を担任教諭に伝えました。しかし、担任教諭は「大したことはない」と判断し、保護者へ連絡しましたがつながらなかったので、歩いて下校させてしまいました。下校後、再度連絡し状況を伝えました。担任教諭から保護者へは「大丈夫だろう」「様子を見てください」という問題が残る伝え方でした。 　帰宅後、夕食前に嘔吐があり、夕飯後にも2回の嘔吐がありました。病院受診した結果、脳内に出血があり3日間の入院になりました。
ヒヤリハットした原因	「保護者連絡」と「教員同士や保護者との意識差」が気になりました。頭部の腫れは少しでしたが、痛みはありました。吐き気はありませんでしたが、眠気が出てきました。嘔吐は学校ではありませんでした。普段からとくに首から上のけがについては、要注意といわれています。 　担任教諭の方が養護教諭よりも経験があり年齢も上になると、こちらからの「説得力」が弱くなってしまい、病院受診の必要性を受け入れてもらえませんでした。しかし、保護者に迎えに来てもらい病院受診を直接丁寧に勧めるべきでした。あるいは保護者へ連絡がつながるまで学校で様子を観察して、学校から病院受診をすべきでした。

気づきや課題	「これくらい大丈夫だろう」と思う意識をなくすことが大切です。 　第一優先は「命」です。新年度に救急体制については全職員で共通理解を図ります。また、経験年数に関係なく養護教諭の職務を全うできるような自己研修の充実と最新の医療情報・救急処置研修を図る必要があると思いました。「細かく記録すること」も必要です。 　教頭にも、すぐに連絡しました。経過観察し随時、報告・連絡をしながら対応しました。時系列で本人の状態と対応について細かく記録に残していたので、ふり返ったときにアセスメントすることができました。
今後の対策の視点	保護者と連絡がつかなくても一人で下校させることは大変危険な対応です。確実に保護者に引き渡し「病院受診を勧める」ことが大切です。また、経過観察を時系列で細かく記録し対応することは、保護者への連絡や医療機関との情報交換時にも大変重要な資料となります。 　どこに原因・問題があったのか？見落としは？職員の動きや対応は？判断はどうだったのか？事故やけがが起こったときには、冷静に判断し最善の手を尽くせるように、職員全体で救急体制を確認し、適切な対応を行っていくことが「命」を守ることだと、あらためて強く実感しました。

ヒヤリハット体験を通して学んだこと

　学校現場では養護教諭は救急処置の最前線に立たされます。最悪の事態を考えて行動し対応していかなければなりません。担任教諭の方が養護教諭よりも経験年数を積んでいると、つい担任教諭に遠慮してしまうことがありますが、それでは命を守ることはできません。取り返しがつかないことにならないように、医療機関の受診は必須です。出血がある、出血量が多いなどがあると、危険などの判断がしやすくなると思いますが、見えない・出ていない状態が一番怖く危険です。

　また報告・連絡・相談、そして記録が大切です。記録に残すことは、自分を守るためにも重要です。残念なことですが、責任逃れをされる場合があります。じつは、教頭は報告・連絡・相談を受けていないと、校長に報告されたのです。しかし、校長は私に「教頭が聞いていないと言ったからといって、どのように対応したかを教頭に合わせなくていい。教頭は教頭で、担任教諭は担任教諭で、養護教諭は養護教諭として、どう対応したのかをまとめてほしい」と言われました。時系列で細かく記録をつけていた

ので、事実を間違いなく報告することができました。そして「何も心配しなくていい。あとは校長の仕事です」と言ってくださいました。

　養護教諭の役割は、病院へ搬送するまでの一次処置（応急処置）です。医療的行為はできません。だからこそ、初期対応が大切になってきます。管理職や他の職員とも連携し最善の対応ができるように、いざというときの救急体制づくりをしていきたいと思います。

今後の改善策と課題

・**遊具使用を含む安全な遊び方の指導**
・**安全点検の充実（腐食・破損の有無、実際に職員で使用してみる）**
・**教職員の危機管理意識の向上**
・**救急体制の見直しと確認**
・**保護者への連絡内容（安易に大丈夫と言わない）**
・**職員全体での情報交換と共通理解**

　本事例は、駆け出しの養護教諭の頃の体験でした。これらを教訓にして、保護者が安心して登校させられる学校を目指して教育活動の充実を図っていきたいと思います。そして、けがや事故が起きたときには、養護教諭として子どもの「命」を第一に最善を尽くしていきたいです。

脳しんとう／頸椎捻挫

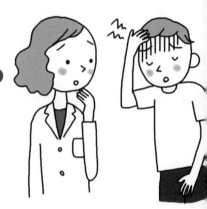

　長い間公立の中学校に勤務し、小学校と幼稚園の兼務という勤務形態を経験してきました。現在は、中学生・高校生が共に在籍する中学・高等学校に勤務しています。

　さて、当該校の保健室では、保健室が開くと同時に、始業の30分前から来室があります。電車やバスといった公共交通機関を利用しての通学のため、登校中のけがや体調不良といったことや進路や勉強、友人関係など精神面での悩みを抱えての来室者も大変多いです。

　本稿では、高校生によるヒヤリハットした事例をご紹介します。

事例　体育の授業中に転倒した（高校）

事例	高校2年生　男子
発生状況	1限目授業が半分を過ぎた頃、一人で保健室に「頭が痛い。多分持病の片頭痛だと思います」と言って運動場から上靴に履き替えることなく走って来室しました。「よくある片頭痛なので休んでいると治まると思います」と頭を抱えながら訴えていましたが、服装が体操服だったので、問診票に記入してもらいながら体育で何があったのか、丁寧に状況を聞き取ると、「体育の授業でサッカーをしていた」と話してくれました。そして「頭が痛くなり、体育も中断して見学して休んでいたが、痛みが増してきたので持病の片頭痛だと思う」と訴えました。
経過・対応・結果	まずはベッドで休養させながら体温、血圧などのバイタルサインを確認しました。体育の授業ではどのような活動をしていたのかを問うと「サッカーをしていて、頭が痛くなって中断した」と答えました。休養中には、頭痛や目の前の一部が見えにくいと訴え、視野狭窄が見られました。 　休養して15分ほど経過した頃に1限目の授業が終了しました。その後、体育科教員が様子を見に来室しました。その際、「ドリブル練習中ボールを蹴り損ね転倒した。そのときに後頭部を強く打ったようだ」と周りの子たちが話していたとの報告を受けました。それを本人に確認したところ「転倒していない」と話していました。本人には、受傷時からの記憶がなかったようです。 　経過を観察していると、痛みは治まらないが、会話はしっかりできていました。しかし、本人の訴えによる片頭痛ではなく後頭部打撲による頭痛、視野狭窄、記憶障害を考え、救急での病院搬送をすることにしました。 　家庭へ緊急連絡をしたところ、母親が仕事に出かける時間と重なり、「自力で帰宅を」と母親より指示されていました。電話を再度養護教諭に代わってもらい、状況を説明し、念のために受診することを承諾してもらいました。その後、すぐに救急車を要請しました。 　激しい頭痛は片頭痛ではなく、後頭部打撲によるものでした。記憶は徐々に取り戻しましたが、激しい頭痛が続いていました。医療機関では、嘔吐が

	見られ、吐き気止め、痛み止めの点滴を受けましたが治まらず、CT検査を受けました。その結果、頭部は「異状なし」でした。しかし、自宅に帰っても心配だろうからと観察入院をしました。 　入院中には「首が痛い」との訴えで頸椎捻挫と診断されました。
ヒヤリハットした原因	本人の「片頭痛による持病の頭が痛い、寝させてください」という訴えを信じてよいだろうかと自問しつつ、訴えを受け入れることも重要です。 　しかし、転倒して頭を打っているということは一切訴えておらず、丁寧な問診と体育科教諭の状況説明と養護観察から、単なる片頭痛ではないと判断しました。丁寧に観察を行うと、記憶の一部欠落、視野狭窄がやや見られることから、頭部に何かトラブルがあるのではないかと疑ったのです。 　けがの状況は周囲の情報から把握できました。そうであるなら、なぜ一人で保健室に来ることになったのか?そして、もし一人で来室中に何かあれば、命も危険だったと「ヒヤリ」と感じました。 　学年も高校生で、責任能力や意思能力も高いため、持病の訴えを重視していました。症状や訴えを見落としなく観察して聞き取ること、体育科教諭やその参加者からの情報を聞き逃さずに判断していくことは、救急搬送の判断ともつながります。丁寧かつ情報収集は、応急処置における救急搬送への判断のもとになり、十分注意し認識しておかなければならないとふり返ります。
気づきや課題	・教科担任は、状況をしっかり把握すること。 ・体調の悪い生徒を一人にさせないこと。保健室へ行かせる場合は必ず付き添いをつけること。けがの有無や授業中の状況の確認を行うこと。 ・保護者への緊急連絡では、負傷状況から受診の緊急性を把握してもらうように丁寧な説明が必要。 ・救急要請は、迅速に行うこと。 ・救急車への同乗は、事情のわかる教科担任と、管理職も可能な限り同乗すべき。
今後の対策の視点	・担任(教科担任)による健康観察を徹底すること。生徒の体調の変化に気づく観察力や適切な処置対応ができるように、日頃から訓練をしておくことが必要。 ・保護者の緊急連絡先の把握を徹底しておくこと。 ・高校生という年齢であっても、自分の体の状態を的確に伝えることは難しく、頭を打ったことを問題視せず、持病の片頭痛だと思い込んでいた。生徒の訴えた事項を聞き取り、訴えから状況判断を誤ると、誤った治療や後遺症の危険にさらされることにつながる。 ・救急車への同乗には、可能な限り管理職も同乗すべき。

　上記の症例から、学校危機管理の状況分析を、徳山美智子氏の「3つの観点シート」を用いて整理すると次ページのようになります。

*片頭痛:片頭痛発作の特徴は、「片側の頭痛が典型的ではあるが、40%は両側で起こる」「拍動性(ドクンドクン)と痛む」「程度は中等度以上で、日常生活に支障が出る」「体の動きで症状が増加、悪化する」「吐き気や嘔吐を伴う場合がある」「光や音に対する過敏がある」などがあります。前兆のないものと前兆のあるものに分類され、前兆は頭痛より前に起こる症状で、キラキラした光、ギザギザの光(閃輝暗点)などの視覚性前兆が多く見られます。通常は、60分以内に前兆が終わり、引き続いて頭痛がはじまります。片頭痛発作は、通常4〜72時間続き、拍動性頭痛であることが特徴です。階段の昇り降りなど、日常的な運動で症状が増強します。また、吐き気や嘔吐症状を伴うことが多く、頭痛発作中は感覚過敏となって、ふだんは気にならないような光、音、においを不快に感じる方が多いです。(引用一部改変:一般社団法人　日本神経学会HP　https://www.neurology-jp.org/public/disease/zutsu_detail.html)

観点	実態・問題	問題解決の方法・対策	教職員の役割
発生前（何が問題だったか）	・出席確認はしていたが、教科授業での健康観察ができていなかった。 ・「頭が痛い」と訴えた生徒に対して、状況確認をしないで保健室へ促していること。	・健康観察の実施 ・状況確認を行い、訴えの内容を把握すること。 ・生徒が保健室へ行きたい旨の連絡を受けた担当教員は、訴えをよく聞いたうえで保健室へは付き添いをつけて一人では行動させないように配慮すること。	＜管理職＞ ・管理者の所在、連絡のできる状態を明示しておく。 ＜教職員＞ ・出席の確認と所在の確認を徹底すること。 ・救急時の救急体制を理解しておく。 ＜養護教諭＞ ・要観察・要注意生徒の把握と教職員との情報の共有を密に行う。 ・救急体制など危機管理の体制を含めた研修の実施。
発生時（何が起こって何をしたか）	・体育の途中、頭痛を訴えた。教科担任は、頭痛を訴えた生徒が、後頭部を打ったことによる頭痛であることを知らず、本人の訴えのみを受け入れた。 ・本人一人で、保健室へ向かい駆け込んだ。 ・授業終了時に、共に活動していた生徒からドリブル中に転倒したとの報告を受け、教科担任は、急ぎ様子を見に保健室へ行った。	・発生時の状況確認 ・本人は持病である片頭痛があるため休養したい旨を訴えた。 ・健康チェックと来室時の問診。 ・安静にする。 ・応急処置の実施、メンタルチェック。 ・全身状況の観察、記録を取る（記憶の欠落、視野の狭窄が見られたこと）。 ・救急車要請と同乗 ・家庭連絡（搬送先の要望の確認と病院への来院依頼） ・救急車要請による他の生徒への動揺への配慮。	＜管理職＞ ・救急車要請 ・教育委員会への連絡（公立） 　法人事務所等、守衛門（私学） 　＊救急車要請のための救急連絡 ＜教職員＞ ・担任を中心に家庭連絡を行う。授業中であれば（学年、教科担任） ・運搬、付き添い、連絡 ＜養護教諭＞ ・応急処置、全身の観察 ・付き添い ・保護者のケア ・処置の状況を学校（管理職）へ連絡
発生後（今後はどうすればよいか）	・後頭部打撲による激しい頭痛→気分不良（痛み止め、吐き気止め）→点滴投与。痛みは治まらずCTスキャンの検査を受ける。頭部は「異状なし」と診断。痛みは治まらず入院して経過観察を受けた。次第に首の痛みを訴え「頸椎捻挫」と診断された。 ・片頭痛ではなく頭部打撲、頸椎捻挫により観察入院後通院、回復した。後遺症はとくに聞いていない。	・1限目、とくに体育授業での健康観察は必ず行うこと。 ・持病の片頭痛とけがによって後頭部を打ったことによる頭痛とでは、応急処置が異なってくる。 ・授業中のけがの場合は、付き添いの生徒を共に同伴させるか、教員の応援による運搬を行うこと。保健室へは一人では行かせない。 ・家庭連絡は、養護教諭診断のもと救急車要請へ緊急対応を行うことを的確に伝える。（担任および教科担任、管理職、場合によっては養護教諭から説明） ・生徒たちの動揺に対して説明を行うこと。 ・CT検査→成長期にある生徒には安易に検査することは好ましくないとの指摘を受けたが、頭部の打撲により脳しんとうもあり必要な検査として受けた。	＜管理職＞ ・迅速な救急車の要請 ・教科担任による健康観察の実施。 ・保健室への付き添いを必ず付ける。 ・家庭連絡は必ず取れるように徹底しておく。 ＜教職員＞ ・救急時の訓練 ・保護者の緊急連絡は確実に把握しておく。 ＜養護教諭＞ ・救急体制の強化 ・励ましや声掛けにより見守る。

ヒヤリハット体験を通して学んだこと

季節の変わり目のまだ肌寒い時期に起きた本事例は、本人だけの主訴では予測不可能なことでした。本事例から、さまざまな事柄を想定した健康観察の大切さや応急処置、教職員間のコミュニケーション能力の強化をあらためて認識させられました。

高校生への対応では、義務教育年齢ではないため本人の意思に委ね任せることが多いですが、発達年齢に関係のない救急対応は必然であり、それは大人である教職員が倒れた場合でも同じです。ただ、義務教育の子どもたちとは異なり、健康観察など細かなチェック機能がないことが多く、体調が悪い場合は直接保健室を利用することが多いので、救急体制の在り方を共通理解しておく必要があります。

中学・高等学校の保健室は養護教諭も複数配置となっています。緊急連絡や応急処置といった役割を連携しながらこなせる点では利点がありますが、保健室への生徒対応依頼は多く、中学生や高校生が混在して利用している状況です。ベッドが埋まってしまうとソファや椅子などで生徒たちが休むことも日常にあります。

保健室が十分に機能するための体制も、相談活動も多くあり、それに長時間かかりきりになり、整えなければいけない課題があります。公立校の体制と異なることが多い点で、専任教員の数が少なく、保健室という場所があらゆる面で役割を担っていると感じています。

保健室機能の在り方を、教職員間で共通理解していく必然性を感じています。そうすることによって救急体制も危機感が減少していくものと思います。

今後の改善策

この事例から1次予防として、何ができたのでしょうか。高校生だから状況判断ができるはずだという先入観を持たないことです。病気やけがの応急処置を行う場合、症状や訴えを丁寧に聞き取り、対策を立てる際にあらゆる角度から観察し、バイタルサインを見落とさないこと、最悪の場合を想定した危機感を持った対応をしていくことが肝要です。日常の健康観察の重視、体調不良の生徒がいた場合や転倒した生徒がいた場合、決して一人にはしないように、連絡体制を整えて早期対応できるようにしておくことが大切です。

2次予防としては、専任教員や常勤講師、非常勤講師を含めた共通理解と連携の必要性、コミュニケーションの必要性を感じます。学年を超えた学校全体でのチーム体制と捉えて関わっていく意識の高さが重要です。そのためには、誰もがわかるフローチャート図で目に付きやすく、大きく職員室や事務室、体育館などのあらゆるところに救急時の対応を表示しておけば慌てずに行動できると考えます。

3次予防としては、常に新しい情報の共有や緊急時の研修を定期的に行う必要があります。

1つの事例をもとに、危機意識の盲点が見え隠れしています。主訴となる訴えによっては、間違った対応をしてしまう可能性があります。間違った判断によっては命の危険や大きな障害につながっていたかもしれない事例でもありました。教職員間や高校生という若い力を借りた連携ができるように、組織的な安全教育や危機対応といった取り組みができるようにしていくことが、事故防止につながっていくと考えます。

失明に至ったであろう 事例

　高校生の学校事故災害において「打撲」は主な原因の一つで、骨折に続き発生割合が全体の24％台（平成25 年度）を占めています。その中でも目の事故災害は、打撲によるものが大半を占めており、失明につながるという危険性を伴っています。

　目の事故に関しては、十分に注意をはらい対応をしてきたつもりですが、ややもすると失明につながったかもしれない事例を通して、対応の仕方を以下に考えてみたいと思います。

事例　相手選手と接触し、壁にぶつかった（高校）

事例	高校２年生
発生状況	2 時間目体育の授業で、バスケットボールの練習試合をしていたが、相手の選手とボールの取り合いで接触し突き飛ばされて、体育館の壁に激突しました。左顔面と左肩の痛みを訴えたため、保健室へ行くように体育の指導教官より指示されて、自力歩行で保健室へ来室しました。
経過・対応・結果	主訴は左目の上と肩の疼痛、左目上部の腫脹・見えにくい、左上腕の拳上ができない状態でした。意識はしっかりしていて、質問には的確に答えました。応急処置（アイシング）をしました。 　関係職員（管理職・担任・体育教師）に連絡し、保護者にも連絡を取り眼科医院へ搬送しました。眼科医院で検査の後、大きな病院へ行った方がよいといわれ、近くの総合病院へ搬送しました。
ヒヤリハットした原因	総合病院へは、眼科医院から救急ではなく一般受診で行ったため、非常に長く待たされてしまいました。診察を待っている間に本人が激しい頭痛を訴えたため受付にその旨を伝えましたが、患者が多いので待っているようにといわれて、順番が来るのを待ちました。 　診察の結果、眼科では、左目の視力が全く出ないといわれました。脳外科では、とくに異常なしでした。整形外科では、左上腕骨折といわれました。 　視力が出ない原因について検査した結果、視束管骨折が原因と判明。耳鼻科に入院して視束管骨折の治療をしました。 　視力は 0.7 まで回復しましたが、視野狭窄が後遺症として残りました。視力が出ないといわれたときに、保護者から学校の対応としての不信感があり、保護者への説明を、管理職とともに行いました。 　視野狭窄に関して、障害見舞金の手続きをスポーツ振興センターに申請したが、対象外で見舞金は出ませんでした。
気づきや課題	意識がはっきりしていて、自力歩行が可能な生徒であったため、救急車を要請しませんでしたが、眼科医院から総合病院へと言われたときに、救急車を要請すべきでした。

ヒヤリハット体験を通して学んだこと

養護教諭の専門性が問われる救急処置および緊急時の対応については、救急体制の充実とともに対応能力が要求されます。このことは養護教諭にとって責任が重く、経験年数を経ても対応への不安を拭い去ることは困難です。そのような中、2008、2009年度の2年間にわたり名古屋学芸大学短期大学部で「救急処置対応能力を向上させるためのチェックリストの検討」という研究をされていることを知り、その

チェックリストを利用し、今回の救急処置場面において、「どのような観点のもとに判断し、対応策を講じたらよかったか」という課題を分析してみました。

救急処置場面において、複数の観点での配慮すべきポイントをチェックし、その配慮すべきことを総合的に見るところに「判断」があり、「対応策」を講じることができたのではないかと考えました。その結果、養護教諭の処置対応能力を向上することができるのではないかとふり返ります。

養護教諭の救急処置能力向上法に関する研究
― 救急処置対応能力を向上させるためのチェックリストの検討 ―

時間	対応要素		対応要素の区分
I 状況把握	1	連絡の形態	①電話連絡　②本人のみ　③本人と付添人　④付添のみ
	2	確認方法	①現場へ出向いて　②来室して
	3	状況把握の方法	①話した　②聞いた　③見た
	4	確認者	①個人で　②複数で
	5	欠落を招きやすい事項	①聞き違い　②思い違い　③看間違い　④本人の申告不足　⑤考え違い　⑥取り違い　⑦付添人の説明不足　⑧思い込み　⑨要点の聞き漏らし　⑩知識不足　⑪情報不足　⑫メモ不足　⑬忘却　⑭執務上の怠慢　⑮確認不足　⑯いい格好　⑰観察不足
II 処置法の決定と実施	1	連絡の形態	①個人で　②複数で
	2	確認方法	①現場で　②保健室で
	3	状況把握の方法	①医療機関　②休養　③応急手当　④家庭連絡　⑤保護者引渡し　⑥何もしない
	4	確認者	①救急車　②タクシー　③保護者依頼　④通常の方法で下校　⑤その他
	5	欠落を招きやすい事項	①聞き違い　②思い違い　③看間違い　④本人の申告不足　①知識不足　②技量不足　③器具・薬品等の不足　④器具・薬品等の不適切使用　⑤連絡不足　⑥連携不足　⑦怠慢（面倒くさがる）　⑧根拠のない自己流　⑨見通しの甘さ

資料ダウンロード可 ⬇

けがの報告の遅れが ヒヤリの原因に

本稿は、頭部外傷の対応で、「報・連・相」に課題があった事例です。保護者や担任の先生方・管理職への「報・連・相」の大切さは常に念頭に置き保健室で対応しています。とくに首から上のけがについては、緊急性が低い場合や重症ではない場合であっても管理職に報告するようにしています。頭頸部の外傷の場合、受傷直後は何もないように見えても後から異常が出てきたり、後遺症が残ったりする場合もあり、とくに気を付けて対応・観察する必要があります。些細なことであっても管理職に報告する

ことは、けがの状況を伝えるのはもちろんのこと、学校全体が落ち着いて行動できているか、施設や設備に危険はないか、同じような事故やけがを未然に防止できないかと、さまざまな観点から重要であると考えています。

管理職に報告が遅くなったことで、学校として把握していないと対応が後手に回ることもあります。今回の事例は大きなけがではなかったものの、保護者と管理職への報告が遅くなったことで、ヒヤリハットしたことを反省し、ふり返りたいと思います。

事例　掃除中に転倒して頭を打った（小学校）

事例	小学3年生　男子
発生状況	この日は放課後にワックスがけの職員作業があったため、特別時程で少し慌ただしい雰囲気でした。教職員にも準備や事前の掃除など普段とは違った忙しさがありました。そのような中、下校前の掃除をしていると3年生のAくんが頭を打ったと、掃除をしている私に声をかけました。話を聞くと机を移動させているとき、遊んでいて転倒したということでした。 　右耳〜後頭部あたりを打撲しており、痛みがありました。打撲部位に腫脹発赤はありません。手足のしびれや気分不良など痛み以外の異常がなかったため、掃除ができると判断し、掃除を続けるように促しました。すぐに下校であったため、観察だけで部位の冷却処置をしませんでした。Aくんは軽微なことでもすぐに訴えてくる児童なので、「いつものこと」という思いが心のどこかにありました。 　その後、下校しようとしているAくんに状況を確認すると、痛みをまだ訴えていました。Aくんは放課後の野球のクラブに入っており、「念のため、家に帰っても頭が痛かったら、お家の人と相談して野球は休んだ方がよい」と伝えて下校させました。
経過・対応・結果	Aくんが下校してから、すぐに別の下校班の児童が走って学校に帰ってきました。「Bくんが転んで立てないから来てほしい」ということで、救急セットを持って、担任と一緒に現場に急ぎました。 　けがは擦り傷程度でそのまま歩いて帰っても問題はありませんでした。どうやらふざけて遊びながら歩いており、押されて転倒したようでした。

	Bくんは自分も悪いことを自覚していたため、すねてなかなか起き上がれず、登下校の見守りサポーターの方が、先生を呼んでくるようにと同じ班の児童たちに伝えたようでした。 　Bくんと下校班の児童に気を付けて帰るよう途中まで見送ると、AくんとBくんのけがの報告やワックスがけがあるので、急いで学校に戻りました。するとAくんの保護者から連絡があったと管理職から伝えられ、けがの報告をしました。 　すぐに担任からあらためて保護者に電話をすると、心配したので状況を教えてほしかったということでした。下校時の「念のため、家に帰っても頭が痛かったら、お家の人に相談して野球は休んだ方がよい」と言ったことをきちんと覚えており、保護者が話を聞いて心配して電話をしたようです。Aくんの頭部打撲は重傷ではなく、翌日も元気に登校しています。
ヒヤリハットした原因	私がヒヤリとした原因は、冷却の手当てをしなかった点と保護者と管理職への報告が遅れた点です。しかしその背景には、①下校前で私の気持ちに緩みがあったこと、②ワックスがけの特別時程で普段とは違う慌ただしさがあったこと、③想定外の対応があったこと、の3点が関係していました。そのときをふり返ると、普段とは違う状況であったことがわかります。 **①下校前で私の気持ちに緩みがあったことについて** 　Aくんのすぐに訴えてくる日頃の様子や"掃除中に遊んでいてけがをした"こと、痛み以外の異常がなかったことなどから、掃除をするように促してしまいました。すぐに下校であったことや、緊急性が低く重傷でもないと思ったことから危機感が薄く、すぐに帰るという気の緩みがあったと思います。普段は、下校前のけがは日中を通しての観察が十分にできないため、注意しており、児童自身への指導も丁寧に行うようにしています。すぐに下校させる状況ではありましたが、今回のけがの場合、管理職と保護者へすぐに報告するという気持ちが薄かったように思います。 **②特別時程で普段とは違う慌ただしさがあったことについて** 　ワックスがけ前の掃除という普段とは違う慌ただしさがあったため、Aくんが訴えてきたときに、すぐに報告できませんでした。いつもと同じような、休み時間に起きたけがであったら、授業が始まってから管理職に報告していたと思います。 **③想定外の対応があったことについて** 　想定外の出来事ではありますが、養護教諭はいつ誰に呼ばれてもおかしくはありません。やはり、すぐに報告することで、不要な心配を減らすことができたと思います。また、今回の場合はBくんの状態を見た時点で、その場を担任に任せ、Aくんの報告や保護者へ電話をするために学校に戻ることもできました。とっさのことですが、優先順位を考えて行動できればよかったです。
気づきや課題	Aくんの話を聞いた保護者は心配して学校に電話をしています。そのときに管理職への報告ができていなかったため、電話をいったん切り、状況を確認し再度連絡するまでに時間を要してしまいました。管理職がそのけがを知らず、学校としての対応が遅れて保護者に不要な心配をかけたり、不信感を抱かせたりしてしまいました。 　今回のように緊急性が低いと判断した場合であっても、保護者に当該児童の様子を伝えることが大切です。医療機関を受診する必要がないと判断した場合の根拠も伝えることで、保健室ではきちんと診てもらったと、保護者に不要な心配をかけずにすむでしょう。当該校の養護教諭は経験が浅いため、なおさら一人で判断するのではなく、指示を仰いだり、保健室の様子を発信した

	りしていくことが必要だと思っています。
今後の対策の視点	慌ただしい状況や忙しさは、誰にとっても珍しいことではありません。むしろ"忙しい状況できちんと対応する"を習慣付けることが、養護教諭に必要だと思います。大きなけがでない場合「大丈夫だろう」と考えがちです。今回の事例をふり返る中で、自分の特性を知ることは、今後同じようなミスをしないために大切だと気づきました。 　また、Aくんはけが以外でも不調をよく訴えてくる児童で、今回も遊んでいてけがをしたということから、「いつものこと」という思いがありました。思い込みから対応が粗雑になってしまうこともあります。養護教諭として、まずは児童の訴えをしっかりと聞き、安心できるような対応をすることが大切だと、あらためて感じました。その上で普段の生活の指導をしたり、特別なときほど注意深く観察したりすることが大切です。

ヒヤリハット体験を通して学んだこと

　今回の事例を通して、報告が遅くなってしまった状況をふり返り、養護教諭自身の特性を考えることができました。自分がミスしやすい状況を知ることは、今後同じミスをしないために必要なことです。この記事をご覧になっている先生方の中には「ただの連絡ミス」と思われる方がいるかもしれません。私もきちんとふり返るまでは、ヒヤリハットした背景を分析しようとは思いませんでした。

　新採用から2年が経過し、保健室で対応する事例も多くなり幅広くなってきました。すると、これくらいという気持ちの緩みが出てきたように思います。保健室で処置が終わるような小さなけがであったら、管理職に直接報告せずに、保健日誌に記入し終わる場合もあります。どんな内容の場合でも、万が一を想定し丁寧に対応することが大切だと反省しました。

今後の改善策

　管理職に報告が遅くなったことで、学校として把握していないと対応が後手に回り、保護者の信頼も失いかねないことを、今回の事例を通して実感しました。自分の「大丈夫だろう、これくらい」といった気の緩みが、大きな事故につながるかもしれません。

　気を付けていた「報・連・相」もきちんとすることの大切さもあらためてふり返りました。常に基本に立ち返り、謙虚な姿勢で対応することで、今回のようなヒヤリハットを減らすことにつながると思います。

※**補足**：頭部外傷などで初診をした病院で異常がみられなかった場合でも下記のような経過観察が必要です。

【頭部打撲時の留意事項】

　頭や顔を強く打つと、出血や腫れ、骨折の有無にかかわらず、脳に損傷を受けている場合があります。病院で診察・検査の結果、大きな異常が認められなくても、遅れて症状が出ることがあります。

　とくに最初の6時間に変化が起こることが多く、12時間、24時間と注意が必要です。まれに2.3日後に遅発性に出血を起こす人もいます。その間は、入浴や運動は控えるようにし、できるだけ静かに生活するように心掛けてください。また、乳幼児の場合は保護者が目を離さないように注意してください。

※**帰宅後など以下のような症状がみられた場合は、できるだけ速やかに脳外科のある病院や総合病院など再度受診してください。**

① 頭がぼーっとする。ここがどこかわからない。今日の日付がわからない。
② すぐに眠り込んでしまう。体を揺すっても起きない。または起き続けることができない。
③ けいれん（ひきつけ）を起こす。
④ 手足に力が入らない。しびれている。
⑤ 嘔吐が何回も続く、吐き気が止まらない。
⑥ 頭痛がだんだん強くなる。激しい頭痛がする。
⑦ 目が見えにくい。ものが二重三重に見える。焦点が定まらない。
⑧ 耳や鼻から水が流れてきて止まらない。血液が混じっている。
⑨ いつもと様子が違う。元気がなく、ぐったりとしている。

資料ダウンロード可 ↓

部活動中のけがによる 家庭連絡の不備

当該校は、小学部・中学部・高等部からなる、全校児童生徒数92人（平成27年度3月1日現在）の特別支援学校です。

部活動は、学校生活の中でも、けがや事故が多い時間帯です。特別支援学校でも、当該校の場合は週に2回、中学部・高等部の生徒を対象に部活動があります。しかし、毎日のように部活動がある学校と比べると、職員のけがや事故への対応に対する意識は、決して高いとは言えません。学校生活でのけがや事故における学校の丁寧な対応が、家庭との信頼関係につながると思います。

事例 片足で着地した際、右膝に痛みが出た（特別支援学校 高等部）

事例	特別支援学校 高等部1年生
発生状況	放課後の運動部のウオーミングアップ中、片足で着地した際に右足に痛みが出たと、本人から担当職員に訴えがありました。
経過・対応・結果	担当職員は、発生直後に本人に確認をし、歩行状態から痛みも軽度と判断したため、そのまま部活動に参加し、軽いメニュー（グラウンドを歩く）を行いました。また、帰宅する際にも確認をして、自転車で帰ることができるということで、気を付けて帰るように話をしました。けが発生当日は保健室への来室がなく、養護教諭は後日、一連の状況を聞きました。 その際、翌日も痛みが続いていたため受診していたという事実がわかり、保護者から担任に連絡があったことを知りました。そこで養護教諭が受診先を訪ねると接骨院ということで、エックス線撮影をしていなかったので、保健室から、一度整形外科への受診をすすめ、受診していただきました。受診結果は、右膝の半月板損傷という診断でした。
ヒヤリハットした原因	担当職員は、本人から痛みの訴えがあったことを、家庭へ連絡していませんでした。また、保健室への来室もなかったため、RICE処置などの応急手当てをすることもできませんでした。本人が痛みを訴えた時点で部活動を中止し、安静にすべきでした。
気づきや課題	家庭への一報がなかったことが、一番の課題です。保護者も、事後報告となってしまった学校に対し、不信感を持たれたかもしれません。 本生徒は高等部の生徒で、自分のことは自分である程度管理できる生徒です。本人が担任に「大丈夫」と言い、歩く（自動運動）ことができ、さほど大きなけがではないだろうと判断しましたが、結果として「半月板損傷」という、全治2週間の大きなけがと診断されました。どのようなけがも軽視せず、常に最悪を想定して動くことの大切さを痛感しました。 また、職員同士が協力し、対応を一人の職員に任せることのないよう、チームで共有する大切さも感じました。

| 今後の対策の視点 | どのような小さいけがでも一度、部主事(学年主任)や担任および養護教諭に報告することを、これまで以上に徹底していきたいと思います。自分だけで判断せず、報告・連絡・相談を大切にしていきます。
　事故報告書(資料参照)を作成し、校長・教頭・保健主事・担任・養護教諭等関係職員に回覧しました。また、この事例を高等部内にとどめず、小学部・中学部でも今後の対応に生かすことができるよう、朝会で保健主事から全職員に情報共有を行い、再発防止に努めました。
　家庭への連絡を密に行い、保護者が「何も聞いていなかった」という状況で受診することのないようにしていきたいと思います。 |

ヒヤリハット体験を通して学んだこと

　あらためて管理職・養護教諭への報告など、校内の連携と家庭への報告は、学校という組織で動いている以上不可欠なものだと感じました。また、けがの状態を本当に慎重にみていかないと、大きなけがを見逃してしまうこともあるとわかりました。そうならないためにも、学校でできる最善の応急手当てを行い、適切に医療機関へつなぐことで、児童生徒の健康の保持増進と、傷病の早期回復に努めていきたいと思います。

今後の課題

　児童生徒に異変があった場合は、帰宅直前という時間帯であっても、迷わず家庭へ報告します。児童生徒が安全に下校するまでは、職員も気持ちを緩めないよう努めていきたいと思います。また自分だけの判断ではなく、養護教諭滞在時には保健室へ行くこと、養護教諭不在時には管理職や担当職員に報告を行った上で校内にて応急手当てを受けることなど、児童生徒に指導し、自己ケアの大切さについてもこの機会に再確認しました。

事 故 報 告 書

児童生徒氏名	小学部・中学部・高等部　1年　　組　氏名
発生日時	令和　年　月　日（　）　時　分【活動内容：部活動（運動部）　　　　】
発生場所	本校グラウンド
発生状況	・傷病の状況　　　【運動部のウオーミングアップ中に片足で着地した際に右ひざに痛みが出た　　】 ・傷病部位　　　　【右ひざ　　　　　　　　　　　　　　　　　　　　　　　　　　　　　】 ・児童生徒の様子【数分痛がる様子があったが、その後は歩くことはできた　　　　　　　　】 ・原因　　　　　　【大股で走り、着地の際右ひざに全体中がのったため　　　　　　　　　】
学校の対応	・教諭の対応　：発生直後に本人に確認をし、歩くことはできるということだったため、そのまま部活に参加し、軽いメニュー（グラウンドを歩く）を行った。また帰宅する際にも確認をして、自転車で帰れるということだったため、気をつけて帰るように話をした。 ・養護教諭(看護講師)　氏名　　　　　　　　　記入【令和　年　月　日記入】 ・応急処置の状況　：当日の保健室への来室はなかったため、後日状況を聞いた。 ・受診の有無　　　【　有　・　無　】 ・受診日時　　　　【令和　年　月　日（　）　時　　分頃】 ・受診方法　　　　【学校から・自宅から・校外から（　　　　　　　　）・その他（　　　　）】 ・移送方法　　　　【タクシー　・救急車・保護者の自家用車・その他（　　　　　　　）】 ・付き添った人　　【保護者・教頭・部主事・担任・養護教諭・その他（　　　　　　　）】 ・医療機関名　　　【○○接骨院、○○整形外科　　　　　　　　　　　　　　　　　　】 ・診察内容　　　　【CT・レントゲン・MRI・その他（　　　　　　　　　　　　　　）】 ・受診結果　　　　【異常なし・傷病名(半月板損傷　　　　　　　　　　　)】 ・医師所見　　　　【全治2週間、できるかぎり膝を曲げないように生活する　　　　　　】 ・スポーツ振興センター該当の有無　【　有　・　無　】
保護者への説明	・説明の有無　　　【　有　・　無　】 ・説明した教諭　　【教頭・部主事・担任・養護教諭・看護講師・その他（　　　　　　）】 ・報告日時　　　　【令和　年　月　日（　）　時　　分頃】 ・報告手段　　　　【直接話した・電話・その他（　　　　　　　　　　　　　　　　）】 ・保護者の反応　　【	

資料ダウンロード可

第2章

体調不良

激しい腹痛

　学校現場では、内科的な症状を訴えて保健室に来室する児童生徒も多くいます。その症状や原因は児童生徒によってさまざまです。現在の社会では、人間関係や心理的ストレスなど心の健康問題が多様化していることから、その心の健康問題が身体症状として現れることも多々あります。しかし、養護教諭としては、まず身体症状に器質的疾患はないかを見極めることが大切です。そして、心の健康問題であれば、継続的な支援が必要になりますが、器質的な原因があると判断した場合や緊急性を要する症状の場合は、専門性を持った素早い判断・対応、連携が必要になります。

　今回は、強い腹痛を訴えて保健室に来室した2つの事例を基に気づきや課題、対策の視点など、学んだことを紹介します。

事例　便秘が原因で起こった激しい腹痛（中学校）

事例1	中学1年生　男子
発生状況	朝登校してから腹痛があり、少しずつ痛みが強くなってきたので、おなかを押さえながら保健室に来室しました。
経過・対応・結果	おなかを押さえていたので、本人が一番楽な座位で、バイタルを測り様子を見ました。体温、脈などは異常ありませんでしたが、痛みからか呼吸が少しずつ早くなってきました。会話ができる状態だったので、問診をしました。本人の話によると、同じような腹痛を経験したことがあり、病院を受診したところ、便秘が原因だったということでした。腹部を触診すると、圧痛と少し張りがあり、2、3日便が出ていないということだったので、今回も便秘が原因ではないかと思いました。右下腹部に痛みはなかったので、虫垂炎ではないと判断しました。 　15分ほど経過しても、痛みは軽減されるどころか強くなってきたので、担任から保護者に連絡をしてもらいました。30分以内に迎えに行けるということだったので待つことにし、保護者と病院を受診してもらおうと考えていました。 　しかし、10分ほどたつと、さらに痛みが強くなってきた様子で、涙と冷や汗も少し出てきたので、便秘以外の可能性を疑い保護者の迎えを待たずに養護教諭と担任が付き添い5分圏内の医療センターに運びました。診察室に到着後に保護者と合流できたので状況について説明しました。 　診察の結果、便秘が原因だろうということで浣腸し便を出すと、腹痛は軽減されました。
ヒヤリハットした原因	「観察中に痛みが急に激しくなってきたので、意識の急変も伴うのではないかと不安がよぎりました。また、便秘が原因の腸閉塞や他の疾病などの可能性を考えると、保護者の迎えを待つ時間や病院での受付に要した時間、小児科まで

	の移動時間はヒヤリとしました。本人の痛みを早く軽減させるために、病院はすぐ近くでしたが、救急車を呼ぶべきだったと思いました。
気づきや課題	痛みの強さから考えると、今回の事例は便秘が原因でしたが、便秘が原因ではなかった可能性もあります。腸閉塞、腹膜炎などの可能性も考え、すぐに病院を受診する必要がありました。また、便秘が原因でも腸閉塞を起こす可能性があり、激しい腹痛の場合は、便秘が原因の有無にかかわらず、すぐに受診するべきだと強く感じました。 　養護教諭として、さまざまな医学的知識を持っておくことで、素早い判断、対応につながるとあらためて感じました。 　また、本人の苦痛や先の見えない不安を思うと、一刻も早く受診し、痛みから解放させてあげるべきだったと反省しました。
今後の対策の視点	養護教諭として、事例を基に医学的見地から教職員に伝えていく必要があります。便秘が原因でも激しい腹痛が起こること、便秘だろうという思い込みで大丈夫と判断しないことを教職員も知っておくことで、保健室以外でもより注意深く生徒を観察することができ、素早い対応と判断につながると思います。 　また、腹痛の症状や観察時の注意点について、学校医から助言を頂くなどして、より正確な対応につなげていくことも求められます。

事例　生理痛が原因で起こった激しい腹痛（中学校）

事例2	中学3年生　女子
発生状況	昼休みに生理痛があると訴え保健室に来室しました。生理痛は毎回強いとのことだったため、昼休みは保健室で横になって休ませました。保健室で休養させると痛みが軽減したので、湯たんぽを持って5時間目の授業に戻りました。授業途中に腹痛が強くなり、教科担当と共に保健室に向かっていたところで、顔面蒼白と過呼吸の症状も現れました。
経過・対応・結果	5時間目が始まって20分ほど経過した頃、他の教職員に呼ばれました。「腹痛を強く訴えている生徒が教科担任と一緒に保健室へ向かっている」という連絡でした。連絡を入れた教職員は担架を持ち、私も直ちに教室へ向かい、2階にある職員室の前まで行ったところで合流しました。教科担任に支えられてなんとか歩いている状態でしたが、顔面蒼白を伴う痛みと過呼吸の症状が現れていたため担架に乗せて保健室まで運びました。 　保健室で横になるとバイタルの確認をしました。手は冷たく血圧も低めで、痛みに必死で耐え呼吸が荒くなっていました。脈は橈骨（とうこつ）動脈で触診可能で、呼びかけに返答もありました。数分経過すると、手の冷たさや顔色が軽快し、血圧も戻ってきたため救急車要請はしませんでした。しかし、痛みに波があり、強い痛みがあったり治まったりという状態でした。時間がたつにつれて少しずつ落ち着いていきましたが、保護者に連絡して状況を説明し、迎えに来てもらうことになりました。 　保護者には、「痛みがかなり強いため、生理の他に原因がないか心配なので一度婦人科で診てもらっては」と受診を勧めました。しかし、保護者は生理痛が強いことをよく知っており、姉や母も強い体質ということで、

	あまり深刻には捉えていない様子でした。担任によると、おそらく受診しないだろうということでした。 　翌日は登校してきて回復した様子でした。後日また生理痛があり保健室に来室したときに本人に状態を確認すると、「市販の薬を飲んでいるので大丈夫」という返答で薬が効いている様子でした。
ヒヤリハットした 原因	横になり経過を観察していると、症状が改善していったため、救急車は呼ばないという判断をしましたが、最初はショック症状に近かったので、状態が少しでも改善しなかったら救急車を要請しようと考えていました。もし一人で教室を出てきて途中で倒れていたらと思うと、道中に階段があるためヒヤリとしました。
気づきや課題	今回の事例では、一度保健室に来室していて生理痛が強いということも聞いていたので、生理痛の激しい痛みによる迷走神経反射により過呼吸などが起こったのではないかと思いましたが、もしかしたら一時的な生理痛ではなく別の疾患かもしれないとも思いました。本人からは生理は毎月規則的と聞いており、教職員からは今回のような症状があったという情報はありませんでした。本人に詳しく聞くと、何カ月かに1回異常に強い生理痛があり、今までは家にいるときや休みの日に多かったが、とくに相談や対処をしていたわけではないということでした。学校から保護者に一度受診をお勧めしましたが、じつは病院に行っていなかったことから、保護者は知っているだけで実際の症状を見たことはないのではないかと思いました。担任教諭によれば家庭の状況から受診はしない可能性が高いということで、他の疾病が隠れていたり、同じ痛みがくり返し発症したりした場合にはショック症状が現れるかもしれないと考えると、今後本人のためにどういった対応をとるべきか悩ましい点があります。 　また、担架で生徒を運んだのは痛み以外の症状が発現した途中からであり、教室から少し歩いてしまったことが、血圧を一時的に低下させ顔面蒼白になった原因であろうと思いました。生徒に症状がみられたときは無理に歩かせず、隣のクラスの教員ならすぐに助けを呼べるので、応援や担架を依頼することを徹底する必要がありました。
今後の対策の視点	生理痛は中学生から経験する場合が多く見受けられます。個人差が大きいため、いかに自分の体と上手に付き合っていくかが大切であり、将来出産するかもしれない体を大切にしなければならないことを養護教諭としてしっかりと伝えていく必要があります。月経指導は小学校のときに受けていることが多いですが、実感がなく理解に乏しい生徒もいることを踏まえて、集団または個別での指導が大切であると思います。また繊細な内容なので相談しやすい保健室の環境づくりも必要です。 　今回の事例を通して、とくに男性教職員には個人差があるということを身近に感じてもらうことができます。全教職員で情報共有をして、生理痛は上手に付き合っていく必要があることや、生理痛だからといっていつもと違う異変を見逃さないように注意すること、そして今回のような症状が現れたときには、生理痛に限らずためらわずに冷静で素早い対応がとれるように校内救急体制を整え十分確認していきたいです。

ヒヤリハット体験を通して学んだこと

　今回の体験事例は、２パターンの腹痛でした。事例１でも事例２でも、本人からの情報で確信ではありませんが、原因に思い当たる節がありました。事例１では便秘、事例２では生理痛です。問診によって原因となる事柄を探ることは大切であり、緊急性の判断につながったり、医療機関につないだときの１つの情報になったりもします。しかし、本人からの情報だけで先入観を抱かないことが必要であると感じました。違う原因の可能性も考え、医療機関にすぐにつないだ方がよいのか、救急車を要請した方がよいのか、早退や経過観察だけでよいのかを判断する必要があります。そしてこの判断は、管理職とも連携をしますが、専門性を持った養護教諭に求められるという責任感を忘れてはいけないと強く感じました。

　養護教諭は、緊急性のある現場に遭遇したとき、何とも言えない緊張感が走ります。しかし、経験年数には関係なく養護教諭に求められることは同じです。私はまだ経験年数が少ない養護教諭ですが、冷静で専門的な知識を持った対応の仕方ができるように経験を生かすことと、さまざまな事例を参考に実際に起こったときの自分の対応、周囲との連携などを考えておくことが必要だ、ということを学びました。

今後の改善策と課題

　腹痛は保健室来室理由として上位を占める症状です。養護教諭として、日々の事例を教職員に伝え、保健室以外で過ごす生徒たちの健康観察の意識を高めてもらうことが大切だと思います。そうすることで、よく腹痛を訴える

生徒でも、いつもと違う様子であったり、保健室に来室した際の情報交換であったりと、いち早い発見と対応につながると思います。

　家庭でも健康状態を観察してもらい、変わった様子などがあれば担任教諭と情報を共有することや保健室で健康相談を実施するなど、行っていきます。そして、一度何かしらの症状がみられた生徒は、また同じような症状があるかもしれません。次に同じようなことが起こったときにはどう対応するかを共通理解しておく必要性を今回認識できました。

　課題としては、校内で緊急時救急体制を示しているだけで、共通理解しているつもりになっていないか見直す必要があります。実際に緊急現場に居合わせたときに、その場に応じた対応をためらわずに素早く全教職員がとることができるかが非常に重要です。実際の事例を想定して、役割分担ごとに対応を考える校内研修が必要であると思います。

　また、児童生徒自身が自分の体に興味・関心を持ち、健康に生活するための行動がとれるようになることが大切です。今回の事例でいうと、便秘症を改善するための食事や運動、規則正しい生活リズムを理解し実践していこうとする態度や、生理痛を少しでも改善するためのストレッチや体を冷やさないようにすることなど、自身の活動を自分でコントロールする体調管理を指導していきたいです。養護教諭として、児童生徒の自己管理能力を育成していくことも大きな役割です。

下校直後に発覚した虫垂炎

腹痛を訴えて保健室に来室する子どもたちは多くいます。それら腹痛の原因は、感染性胃腸炎や便秘、他にも精神的なことなどさまざまです。中には、給食が大好きなメニューだったので、つい食べすぎてしまったということが原因だったこともありました。このように、たくさんある腹痛の原因ですが、その一つに虫垂炎が挙げられま

す。何度か虫垂炎の子どもの対応をしたことがありますが、判断に迷ったり、気づくことができなかったりした事例もありました。

以下の事例では、腹痛を訴える子どもたちへの聞き取りは適切だったのか、触診の位置は正確にできていたのかなど、あらためてふり返るよい機会になりましたのでご紹介します。

事例 2度来室し、早退後に起こった虫垂炎(小学校)

事例 1	小学3年生　男子
発生状況	小学3年生の男子（A君）が、昼休み後の掃除時間に少し休憩させてほしいと言って来室しました。話を聞くと、A君は給食のときにはいつもたくさんお代わりをしていたようですが、その日の献立はとても人気のあるメニューで、みんながお代わりをしたので、普段よりも食べた量が少なかったとのことでした。そのため、少し物足りなさを感じたA君は、なんとかしたいと思い、水道の水をたくさん飲んだら物足りなさを紛らわせるのではないかと考え、昼休みに水を飲んだそうです。そのときはなんとなく満足したので、残りの休み時間を楽しく遊びながら過ごし、掃除時間を迎えました。しかし、掃除を始めたときからだんだん気持ち悪くなってきたため、担任教諭にその旨を伝えて来室してきました。
経過・対応・結果	A君は「水の飲みすぎが原因やと思うし、少し座って休憩したい」と言うので、「問診票を書きながら、しばらくゆっくりしていていいよ」とA君に伝え、しばらく座って様子を見ながら症状の聞き取りをしたり、検温と脈拍の確認をしたりしました。腹痛の訴えはなく、体温も36℃台で脈拍も正常でした。 10分ほど経過すると気持ち悪いと訴えていたのも落ち着いてきて、「教室に戻ります」と言い、教室に戻って行きました。しかし、5時間目が終わる頃に今度は腹痛を訴えて来室しました。「なんだか少しおなかが痛いような気がする」とのことだったので検温と脈拍の確認を行い、教室に戻ってからの様子について聞き取りを行いました。体温は少し上がっていましたが、36℃台後半で、脈拍は先ほどとほとんど同じでした。激しい痛みではなく少し痛いような気がするという程度だったので、5時間目の授業終了後に担任に送ってもらい下校しました。そのときに保護者には担任教諭から学校での様子を伝え、その後の様子を見てもらうようにお願いしてもらいました。 しばらくは少し腹部に違和感があったようですが、痛みが激しくなることもな

	く、おやつを食べたり宿題をしたりして過ごしていたようですが、19時ごろから急に腹部の痛みが激しくなりだし、急きょ受診すると、虫垂炎という診断でした。すぐに手術を受け、数日間入院することになりました。
ヒヤリハットした原因	2度目の保健室来室のときには、最初の来室で聞き取ったことを基に、その後の様子について聞き取りを行いました。そのときに教室での様子は聞いたものの最初に水を飲みすぎたと言っていたので、養護教諭はそれが関係しているのだろうと思い込んでしまっていたところがありました。そのため、基本的な腹痛の部位の確認や触診をしない状態で判断してしまいました。 　もし、腹痛の部位の確認や触診をして、虫垂炎の可能性があるかもしれないと疑うことができていれば、保護者に伝えて、その可能性も踏まえて経過を見てもらうことができて、少しでも早い発見につながっていたのかもしれないと思うことが、養護教諭の大きな反省点です。 　下校についても、最初は家も近いし本人だけで下校し、担任教諭から保護者に一応連絡を入れておこうかと話をしていました。しかし、いつも元気なA君が珍しく不調を訴えていること、学校から家が比較的近く、往復してもあまり時間がかからないということから、担任教諭にお願いをして送ってもらうことにしました。激しい痛みが現れたのは、下校後から時間が経過していましたが、もし早く症状が出ていて本人だけで下校させていたらと思うとヒヤリとしました。
気づきや課題	今回の事例では、養護教諭の思い込みで判断してしまったことが大きな課題だと感じています。一日の中で何度も来室する児童は毎日のようにいます。初回以降の来室で同じ症状を訴えていたり、異なった訴えをしたりとさまざまですが、バイタルサインや痛みの程度などの変化や新たに出現した症状、消失した症状など丁寧に確認をし、どのような可能性があるのか、どのようなことが疑われるのか判断することが必要となります。これらを行うことで早期発見・早期対応につながってくるのだと、あらためて気づく機会となりました。
今後の対策の視点	基本的なことですが、来室時の問診や触診、視診などの最初の対応を丁寧に行い、総合的に見て判断するようにしなければならないと思います。そして、初回以降の来室時には変化の有無に注目しながら、今どのような可能性があるのか、これからの対応をどうするのかということを考えなければならないと思います。それらの経過も踏まえて、その後の対応や保護者への連絡も検討していくということを忘れてはならないと感じました。

事例 「おへその辺りが痛い」と、判断に迷った虫垂炎（小学校）

事例２	小学４年生　男子
発生状況	朝、登校前から腹部に違和感があったが、痛みや気持ち悪さはなく、下痢などの症状もなかったので、4年生のB君は、いつもどおり登校してきました。登校後は違和感がなくなり、健康観察の際も「元気です！」と答えていました。しかし、4時間目の授業を受けているときに、急に腹痛を訴え保健室に来室しました。

経過・対応・結果	このときに本人が訴えていたのは「おへその辺りが痛い」ということでした。検温を行うと、37.8℃だったので保護者に連絡をして迎えに来てもらうようにお願いしました。すぐに連絡がついたのですが、その日は遠方に外出していた関係で2時間近くかかるということでした。そのため保健室のベッドで休養しながら待つことになりました。 　来室して30分ほどたって様子を再度聞いてみると、腹痛は治まっていました。給食はどうするか本人に確認しましたが、食べる気がしないということで持って来ていた水筒のお茶を飲んだだけでした。その後、保護者が学校に来てくださり、早退しました。 　夕方に担任教諭から保護者に連絡をすると、「熱は微熱になり、その後はおなかも大丈夫」とのことでした。翌日、熱はまだ37℃前後でしたがとくに不調を感じることがない状態で登校してきました。しかし、中間休みに腹痛を訴えて来室してきました。激しい痛みを訴えるので、体温を測ると37.2℃でした。 　触診を行うとブルンベルク徴候のような症状も見られました。ただ、本人は「おへその辺りが痛い」と訴えていました。虫垂炎の疑いがあると思いながらも、痛みがある部位が右下腹部ではないため判断に迷いましたが、激しい痛みを訴えていたため保護者に連絡をすると10分後には迎えに来てくださいました。 　保護者には、虫垂炎を疑うような症状が出ているが、痛みがある部位が虫垂炎の際に訴える部位と異なっているということを伝えました。「念のため一度病院に連れて行きます」と言って、そのまま病院に向かわれました。 　受診した結果、虫垂炎だったのですぐに手術をし、先ほど終わったということでした。その後、数日間入院しましたが、回復して再び元気に登校できるようになりました。
ヒヤリハットした原因	この事例では明らかに虫垂炎を疑う症状が見られましたが、痛みがある部位が右下腹部ではなかったため、他に原因があるのではないかとも考えました。一方、保護者に虫垂炎の疑いがあると伝えることで不必要に不安にさせてしまうといけないので伝えないほうがいいのではないかとも考えました。しかし、伝えないことで対応が遅れてしまうよりも、考えたことを伝えるほうがよいのではないかと判断し、虫垂炎を疑う症状があるということを伝えました。 　退院後に保護者と話をしていると、痛みのあった部位が右下腹部でなかったのはB君の虫垂が普通の人より長かったからで、このようなケースはまれなので、養護教諭の先生から虫垂炎を疑う症状があるとの見解を聞いていなければ気づくのがもっと遅くなったかもしれないとの医師の話を教えてくれました。もし、虫垂炎の疑いがあることを保護者に伝えていなかったら、対応がさらに遅れていたかもしれないと思うとヒヤリとしました。
気づきや課題	さまざまな理由で来室する子どもたちに対応するには、基本的な病気やけがに関する知識を持っていることが必要不可欠だと再確認しました。たとえば腹痛の部位によってどのような疾患が疑われるのか十分習得していれば、最初の対応の際に、より正確に判断することができたと思います。 　虫垂炎は痛みがある場所が移動し、最終的に右下腹部になるもので、まさか虫垂が長い人がいるなどと考えもせず、右下腹部に痛みがなかったため虫垂炎ではないと、早い段階で判断しそうになっていました。 　症状や経過などを総合的に観察し、さまざまな可能性を疑い、判断することが必要だと思いました。

今後の対策の視点	病気やけがに関する正しい知識を持ち、さまざまな可能性を視野に入れながら総合的に判断ができるようになることが養護教諭として必要なことだと痛感しました。これからも学び続けて新たな情報を常に収集することが大切だと思います。そして、今回のように実際に経験して初めて知ることがたくさんあります。このような経験を養護教諭同士で共有することも対策につながるのではないかと考えます。 　経験することで新たな視点を持つことができるようになりますが、自分一人で経験できることには限界があります。養護教諭同士がそれぞれ経験したことを共有することで、新たな視点が生まれたり、そのような場面に遭遇したときの対応に生かしたりすることができ、より正しい判断や対応ができるのではないでしょうか。

ヒヤリハット体験を通して学んだこと

　事例1に関しては、とにかく後悔と反省です。基本的なバイタルサインの確認や問診、視診、触診などはどのような場合でも丁寧に行い、それらを踏まえて対応をどのようにするのか判断しなければならないと再確認しました。当該校の養護教諭は、現場経験が浅い養護教諭ですが、本事例の経験を教訓にして、初回以降の来室も丁寧に行っています。丁寧に進めることで内科的な訴えだけでなく、けがでの来室の対応に関してもより正確な判断が以前よりもできていると思えるようになりました。

　事例2では、総合的にみて判断することの大切さを学びました。保健室に来室する子どもたちを見ていると、同じように捉えがちな症状は多くあります。しかし、全く同じということはないのです。さらに、それまでの症状の経過や本人の過ごし方なども併せてみていくと、それぞれ大きく異なっています。本事例では、それらの全身状態を総合的に判断することの大切さがよくわかりました。

今後の改善策と課題

　病気やけがに関する正しい知識があるかどうかということが大切だと思います。学び続けること、それが今後の改善策になると思います。

　それから、養護教諭同士がコミュニケーションをとることも重視したいです。実際に対応してみると、テキストどおりではなかったことがたくさんあります。それらの中には、養護教諭の諸先輩が経験したことがあるのだろうなと想像することもあれば、こんな経験をした養護教諭はほとんどいないのではと思うこともあります。そのようなことがあった場合に養護教諭同士で共有しておくことで、新たな学びにつながったり、いざというときの対応につながったりするのではないかと思います。

　今回、事例2をご紹介した理由の一つに、養護教諭が知らなかった「虫垂が長い人もいる」ということを知らない人もおられるかもしれないと考えたからです。このようなケースがあるということを知ることで、早期発見・早期対応につながればいいなと思っています。

　しかし、養護教諭同士でそのような情報を共有する場は少ないように感じています。複数配置校もありますが、各校1人もしくは2人という学校が大半です。意図的に集まる場を設定するとなると、その時間は各校養護教諭が不在となるため、せいぜい月に1回程度、近隣の学校が集まるのが限界かもしれません。

　本誌のような形も含めて、情報を共有する場を設定できるように工夫していくことができればいいと思います。

嘔吐・感染性胃腸炎の対応

　最近は、感染性胃腸炎による集団感染の報道は季節を問わず見聞きするようになりました。とくに、冬の時季に教室等での嘔吐が増えます。その対応をめぐって職員で共通理解を図ったことや検討したこと、学んだことなどを紹介したいと思います。

事例　嘔吐物が隣の児童の私物に少しかかった（小学校）

事例1	小学5年生（教室）
発生状況	給食の時間に、苦手なものを食べていた男児が口の中にずっと入れていたものを吐いてしまいました。隣の児童の机の横に掛けていた体育袋にもほんの少しかかりました。
経過・対応・結果	ほんの少し吐いた物がついただけだったので、学級担任が拭いて処理をしました。かかった児童の保護者にも連絡をしませんでした。放課後、保護者から「隣の席の子が吐いた物が、うちの子の体育袋にかかったのに洗濯してもらわないで帰ってきた。もし、感染症になったらどうするのですか」と学校に連絡が入りました。学級担任が、保護者に吐いたときの状況を説明し、対応について謝罪しました。
ヒヤリハットした原因	保健室には、吐いたことの報告がなく、まったく知りませんでした。
気づきや課題	嘔吐した児童がいたら保健室に連絡をすること、処理の仕方、保護者への連絡等について再確認を職員でしなくてはいけないと思いました。 　吐いた児童の保護者とかかった児童の保護者が近所で話をしたときに謝ってもらえず、保健室で洗濯をしてもらったことがあることを相手の保護者から言われていたことがわかりました。学校での対応がばらばらなことも保護者に不信感を抱かせる原因の一つになってしまいました。本当に嫌いなものを食べて吐いたのか、体調が悪くて吐いたのか、その後の児童の様子を経過観察する必要があると思いました。感染性胃腸炎がはやる時期でもあったので、全職員で危機意識を持つことが大切だと思いました。 　吐いた児童はもちろんのこと、周囲の児童の心のケアも大切だと今回の事例で痛感しました。
今後の対策の視点	発生状況や経過、対応などについて職員に周知しました。感染性胃腸炎や嘔吐物の処理の仕方の資料（資料1）を配布して再確認をしました。教室に配置している嘔吐物処理セットの確認も各学級担任にしてもらいました。嘔吐物等で汚れたものの対応や保護者への連絡、周囲の児童への配慮等を職員で共通理解を図りました。 　給食指導（苦手な食材を食べることなど）について職員で再確認しました。

事例 嘔吐があった翌日以降、クラスに集団発生した（小学校）

事例 2	小学1年生（教室）
発生状況	給食を食べていて、気持ちが悪くなり自分の席で嘔吐しました。保健室で着替えて、ベッドで休み、保護者に連絡をして迎えに来てもらいました。帰宅後は、嘔吐もせず、翌日は出席しました。
経過・対応・結果	2日後の金曜日、隣の席の児童が下痢で欠席しました。病院を受診され胃腸炎と診断されました。休み明けの月曜日、同じクラスの児童が9人欠席（下痢・嘔吐の症状で6人）しました。児童の健康観察をし、体調の確認をしました。管理職にも報告をしました。火曜日は欠席児童がさらに増えて、12人（下痢・嘔吐症状は9人）になりました。学校医や市教委と相談し、水曜日から金曜日まで学級閉鎖することになりました。保健所にも報告をしました。1年教室の机・椅子や手洗い場、校内のトイレ等の消毒をしました。「ほけんだより」で、感染性胃腸炎の集団発生を報告し、嘔吐物の処理の仕方や予防について知らせました。
ヒヤリハットした原因	これまで、下痢・嘔吐症状で欠席する児童がいても学級に1人か2人程度しか経験がなく、週明けに急増して、何をどうしていけばいいのか、冷静に判断することが難しかったです。
気づきや課題	保健所から職員が来校され、欠席状況や経過報告をしました。最初の児童が嘔吐した際の処理で、感染した可能性も否定できないといわれました。他学年に感染拡大する前に学級閉鎖を決めたのは適切な判断だったといわれ、日々の児童の健康観察、欠席状況の把握、管理職への報告、学校医や関係機関との連携の重要性を再認識しました。
今後の対策の視点	発生状況や経過、対応などについてまとめたもの（資料2）を配布し、職員の危機意識を高めるように努めました。

ヒヤリハット体験を通して学んだこと

（ホウレンソウの大切さ）

情報を職員間で共有することが大切だと痛感しました。報告・連絡・相談をきちんとして共通理解のもと取り組みを進めることが、児童や保護者の安心にもつながると思います。

現在は、毎日、感染症サーベイランスに教頭先生が入力をするため、保健室で報告資料を作成し、報告しています。感染症以外でも欠席や遅刻・早退児童の報告や欠席等の理由が気になる児童などについても学級担任と確認をして管理職に報告しています。

（給食指導にあたって）

小学校では、苦手なものを食べて吐くということやトイレに捨てたり、わざと落としたり、こぼしたりということもあります。また、給食を食べることを苦にして学校に行きたくないと言っていると保護者から相談されるケースもあります。学級によっては、残食ゼロをスローガンに取り組みをされていることもあります。今回の事例1の後、職員で給食指導について話し合いをしました。各学級で話されていること

を出し合い、給食指導について、下記のように進めていくことを確認しました。

・給食の食べる量など保護者より相談があれば、配慮をする。無理強いはしない。

・嫌いなものもすべて残すのではなく、少しは食べる。

・最初に苦手なものは、自分が食べられる量に減らす。

食べるのに時間がかかり、給食時間内に食器が返却できない児童の対応についても、食器返却に対応する職員が大変困っていることを話題にし、返却の仕方についても検討することができました。あらためて職員で話し合うことの大切さを痛感しました。

（嘔吐物の処理について）

嘔吐物の処理についてまとめた資料を作成し、共通理解を図りました。次のことも確認しました。

・ほんの少しの嘔吐でも処理をきちんとする。

・嘔吐した児童やその周囲の児童の心のケアに努める。

・服や持ち物などが汚れた際は、保健室で着替え、洗濯をする。

・保護者に連絡をする。

養護教諭不在の場合にも、下着や制服等すぐにわかるように引き出しに表示をして、サイズもすぐにわかるようにそれぞれサイズを表示したビニール袋に入れて、サイズ順に整理ダンスに入れています。貸し出しノートの記入も職員で共通理解を図りました。

（いつ起こるかわからない！）

前日まで何もなくても、不意打ちのように下痢・嘔吐での欠席者が急増します。対応マニュアルを作成していても、いざ実際に起こると、マニュアルどおりにはいきません。必要書類や

児童・保護者の対応、保健所対応など同時多発的にするべきことが襲ってきます。冷静に判断する余裕がなくなってきます。チームを組んで対応していくことが大切だと思いました。職員一人ひとりが危機意識を共有しなくてはいけません。

保健所では、嘔吐の処理の仕方や感染性胃腸炎の対応について研修会が開かれることがあります。以前、研修会に参加したときに、万一、集団感染が疑われた場合の報告に必要な書類等の説明もありました。しかし、実際に起こらないと、頂いていた資料もどこに置いているかまず探すという状態になってしまいました。毎日の保健所への有症状者の報告の仕方も保護者への連絡方法を含め事前に考えていなかったため、急きょ保護者宛文書を作成し、学級担任が有症状者の家庭に連絡をして確認をすることを決めたりしました。事例2の後、感染性胃腸炎関係書類やその他報告の必要な感染性胃腸炎以外の疾病のものも個別にファイリングし、すぐに出して対応できるようにまとめました。

その後も、前日まで欠席者がいなかったのに急に下痢・嘔吐で欠席する児童が2〜3人ずつ複数の学級で発生するということがありました。職員に報告をし、危機意識を高め、手洗いやトイレの消毒等を行いました。

（報道発表について）

最初に嘔吐した児童が原因のような内容で、集団感染の記事が地方紙に掲載されました。読む人によっては、最初に嘔吐した児童が誰なのか特定できてしまう恐れがありました。学校より市教委に記事の内容について報告しました。保健所には、原因児童が特定されるような新聞記事の内容になっていることについて確認しましたが、報道資料に基づくとの返事

（資料１）

○○年○月○日 保健室

感染性胃腸炎について

　全国的にノロウイルスによる感染性胃腸炎の流行が連日、新聞やテレビ等で報道されています。○○県のHPにも新聞報道された学級閉鎖等された学校・園・施設等の内容が詳しく載せられています。
　ノロウイルスは感染力が強く、ノロウイルスに感染した人の嘔吐物や便を触った手などを通してほかの人に感染します。感染拡大防止には、嘔吐物の適切な処理、トイレの後・食事前の手洗いをしっかりすることが大切です。

ノロウイルスって…

＊感染力が強く、10数個のウイルスが体内に入るだけで感染することもある
＊最短で12時間〜2日で感染するおそれがある
＊発熱や嘔吐・腹痛・下痢などの症状がおこる
＊通常2〜3日で症状は治まるが、脱水症状をおこすこともあるので、症状が出たらこまめに水分補給することが大切

感染予防に…

＊ノロウイルスに感染した患者の便1グラムに1億〜1兆個のウイルスがいるといわれる
＊トイレの後や食事前にしっかり手洗いをする
＊元気になっても、2〜3週間は便にウイルスが排出されるので、手洗いを十分することが大切！
　＝きょうだい間での感染に注意が必要！
＊消毒用アルコールはノロウイルスには効果がない

> ノロウイルスの場合、乾燥すると空中に漂い、これが口に入り感染することがあるので、速やかに処理をする。

処理の仕方

①児童を近づけない。
②教室の窓を開けて十分換気をする。
③使い捨て手袋、マスク（シューズカバー・エプロン）を着用する。
④嘔吐物に新聞紙を上からかぶせ、拭き取る。
⑤嘔吐物が付着していた床を新聞紙（ペーパータオル）で覆い、薄めた塩素系漂白剤をかけ、10分ほどおき、外側から内側に拭き取り、ビニール袋に入れる。（塩素系漂白剤は保健室で保管）
⑥椅子やトイレのドアノブ、床などは、薄めた漂白剤を使って拭いて消毒し、その後水拭きする。
⑥使用した手袋は裏返してはずし、処理したものとともにビニール袋に入れ、口をしばり、燃えるごみとして処分する。
⑦手洗い、うがいをする。
⑧しばらく窓を開けておき、十分に換気する。

＊嘔吐した児童やその周囲の児童の心のケアに努める
＊服などが汚れた際は、保健室で着替え、洗濯をする

資料ダウンロード可 ↓

（資料２）

下痢・嘔吐による欠席者増加についての対応

○○年3月7日

1年生で下痢・嘔吐、感染性胃腸炎などでの欠席が増加し、3/7（　）〜9（　）学級閉鎖

（欠席・児童の様子）
3/5　（　）9人　（下痢・嘔吐の症状6人）
3/6　（　）12人（下痢・嘔吐の症状9人）
3/7　（　）症状がある4人

（保健所職員来校）
欠席状況・経過報告
2/29（　）給食中に児童1人が嘔吐、翌日出席
3/2　（　）嘔吐児童の隣の席の児童が下痢で欠席（今日は、元気になっている）
　　　　　　病院受診結果は、胃腸炎と診断

（保健所の職員から）
嘔吐の処理で感染した可能性も否定できない
他学年に感染拡大する前に学級閉鎖を決めたのは、適切な判断だった
児童の健康状態把握・座席表を活用して、発症日や感染経路の把握に努める

☆冬の時期の嘔吐は、感染性胃腸炎（ノロ）を疑う！
　アルコール消毒では、消毒できない！塩素系漂白剤を薄めたもので消毒を適切
　に行うことが大切！（保健室に常備）

　＊嘔吐物処理セットを各教室に配置。確認をして不足のものがあれば補充しますので、
　お知らせください 。

　嘔吐した場合、半径3メートルは飛び散る。換気をよくして処理をする。
　南側の窓を開けて換気する。廊下側は閉めて、他学年にウイルスが飛散しないようにす
　る（学級閉鎖中）。

☆最短で12時間から2日で感染する恐れがある。
　1年の有症状者の報告を毎日FAXする（症状がなくなる2日後まで）。

☆元気になっても、2〜3週間は便にウイルスが排出されるので、手洗いを十分する
　ことが大切！＝きょうだい間での感染に注意！

☆トイレは2・3年も共用しているが感染拡大していない。手洗いは1年のみが外の手洗
　いを使用しているので、手洗いの蛇口などが感染拡大の原因の1つとも考えられる。

☆学校として
　・全館のトイレのドアノブ・レバー、手洗いの蛇口、1年教室の机・椅子・ドアなどを
　　塩素系漂白剤を薄めた物で消毒
　・「ほけんつうしん」で児童・保護者へ感染予防等を知らせる
　・学級での手洗い指導
　・嘔吐物の適切な処理
　・健康観察・欠席状況の把握

資料ダウンロード可

しかもらえませんでした。この報道資料は、県のHP報道発表資料を検索すると、誰でも見ることができます。

最初に嘔吐した児童の家庭に連絡をしました。管理職・学級担任・養護教諭で家庭訪問をして新聞記事の内容について謝罪しました。

（記録をきちんと残す）

職員配布用資料作成の時短にもなります。記録をふり返り、問題点やよかった点などの評価もできます。同様の事例が発生したときには、参考にもなります。付属幼稚園の年少組で下痢・嘔吐による欠席者が急増した際にも、保健所との対応の仕方や必要な書類、消毒等についてアドバイスをすることができました。

事例2の際は、同じ市の養護の先生方にも保健所から頂いた対応の資料や職員配布資料・経過等を整理したものを配布しました。

今後の課題

（児童のことを第一に）

感染症急増の原因児童が特定されることのないように配慮してほしいことを学校から保健所に申し入れました。これからも人権を尊重し児童のことを第一に心のケアも含めて考えていきたいと思いました。

嘔吐した際も、嘔吐した児童や周囲の児童の心のケアは必要不可欠です。周囲の心ない声で傷つくこともあります。相手を思いやる学級集団づくりも必要です。また、見ていた児童の心のケアも大切です。児童一人ひとりを大切に取り組みを進めていきたいです。

（職員で危機意識を高める）

学校安全web 「学校の管理下の死亡・障害事例と事故防止の留意点（平成24年度版）」の小学校生活における事故防止の留意点

（東京都世田谷区立塚戸小学校長　東京都学校安全教育研究会会長　永山光義 著）に、事故を未然に防ぐまたは最小限の被害にするためには、次のことをいつも心に留めておくことが必要であろうと、まとめられていました。

まさしく全職員で共通理解するべき項目ばかりだと思います。

(1) 自分の教室を見回してどんな危険があるか想定することが、危機管理の第一歩。
(2) 気がついたらすぐに実行する。
(3) 危険を予知する鋭い感覚を磨いておく。
(4) 危険に対する正しい判断力・知識・行動力を身につける。
(5) 「まあいいか」の心のゆるみが事故を招く。
(6) 保護者と連絡を取り合って信頼関係をつくっておく。
(7) 事故の後の初期対応によって、その後の展開が大きく変わる。
(8) 日常的な安全に関する指導をきちんと行い、週案に記録しておく。
(9) 実践的な計画を作成し、実地踏査はしっかり行う。
(10) 常に児童の所在を把握しておく。
(11) 定期点検や、安全点検などの決められたことは、必ず実施する。

児童の対応について共通理解を図り、全職員で危機意識を高めることが再発防止につながります。事例の報告をして全職員が情報の共有をし、一丸となって対処していきたいです。

第3章

アレルギー

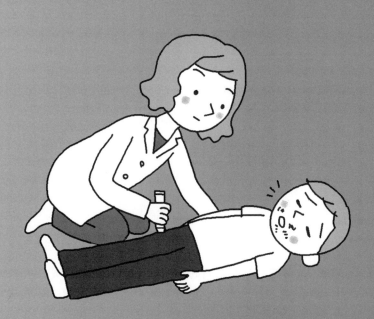

アレルギー疾患の生徒の エピペン使用事例

本稿は、食物アレルギーを抱える生徒が、友人からもらったクッキーを食べた後、息苦しさを訴えたため、エピペンを使用し病院搬送した事例です。

この事例を通して、呼吸困難の鑑別の難しさと食物アレルギーの自己管理の難しさについて学んだことを報告します。

事例 もらって食べたクッキーにアレルゲンが入っていた（高校）

事例	高校生
発生状況	本生徒が朝のショートホームルーム終了後、「友だちにもらったクッキーに（除去対象の）ココナッツが入っていたみたい」と、慌てた様子で保健室に来ました。喉の違和感と息苦しさを訴えましたが、せき込みや喘鳴、チアノーゼなどは見られませんでした。
経過・対応・結果	主治医の指示に基づいて作成した緊急時の対応マニュアルに従い、安静が保てるようにソファに横にしました。動揺が激しかったので、安心するように声をかけながら、生徒のかばんからエピペンを出し、すぐに使えるように準備をしました。担任室に電話をして、保護者への連絡とすぐに応援に来てほしい旨を伝え、観察を続けました。息苦しさは改善せず、過呼吸の可能性が高いと考えながら、生徒に相談・確認して緊急時の対応マニュアルに沿ってエピペンを使うことにし、救急車の要請を考えましたが、病院受診のためタクシーを呼びました。生徒は自分でエピペンを使用するのが初めてだったため、手助けをし、タクシーの到着を待ちました。エピペン使用後も救急搬送後の診察まで息苦しさは続きました。診察の結果、"診察時には強いアレルギー症状が見られない"とのことで、診察後は保護者とともに帰宅しました。
ヒヤリハットした原因	・日常生活での除去対象の確認の難しさ：今回の症状の原因は、友人からお土産としてもらった個包装されたクッキーを食べたことでした。クッキーは個包装されており、その袋には原材料名の記載がなされていなかったため、生徒は食べるまでココナッツが入っていることがわかりませんでした。 ・呼吸困難の鑑別の難しさ：アナフィラキシーの症状と類似する非器質性疾患の一つとして、過換気があります。本生徒も不安が高まると過呼吸を起こすことがありました。 　今回、私は過呼吸である可能性が高いとアセスメントしていました。しかし、緊急時の対応マニュアルに沿ってアナフィラキシーの対応を行いました。しかし、病院搬送の手段には救急車ではなくタクシーを使いました。
気づきや課題	・アナフィラキシーと過換気の鑑別の難しさ：過換気だと思われるときの対応に課題があります。緊急時の対応マニュアルでは緊急性の高いアレ

	ルギー症状の中で、一つでも当てはまる症状がある場合は救急車を要請し、エピペンを使用することになっていました。しかし、今回は緊急時の対応マニュアルどおりにエピペンを使用したにもかかわらず、病院搬送にタクシーを使いました。過換気ではないかとアセスメントしていたため、救急車の要請が躊躇されました。エピペンを使用したという対応が適切であったのか、タクシーで病院搬送したことは適切であったのか、ふり返りを行う必要があると思いました。 ・**食物アレルギーの自己管理の難しさ**：自己管理の課題が明らかになりました。この頃、本生徒はアナフィラキシーを起こし病院に搬送されるたびに除去対象の食材が増え「何を食べてよいのかわからない」と不安を抱えていました。そのような状態でありながら、エピペンを自分で使用する自信がありませんでした。自身の緊急時の対応に不安があることが、息苦しさを増幅している可能性があるのではないかと考えました。また、アレルギー表示についての知識も不十分で、原材料名の確認をせずにクッキーを食べていました。
今後の対策の視点	・**緊急時の対応の見直し**：今回の対応を学校医、保護者や主治医と共にふり返り、不十分な事項や改善が必要な事項について協議します。とくに過呼吸の可能性が高いと養護教諭がアセスメントしたときの対応については具体的に考える必要があります。 ・**食物アレルギーの自己管理の支援**：主治医の協力を得て、エピペンの使い方の練習やアレルギー表示について学び、日々の生活の中で生かしていく力をつけます。 ・**教職員全員への情報共有と緊急時の対応の周知徹底**：今回の経緯と息苦しさの起こった原因、その対応などを教職員全員に報告し、見直しを行った緊急時の対応について周知します。また、年度当初には、再度、確認を行い危機感を持ち続ける必要があります。

ヒヤリハット体験を通して学んだこと

人間が原因で起こるトラブルであるヒューマンエラーは、"認知""判断""行動"に分かれ、知識不足や状況判断の欠如、思い込みが原因であることが多いといわれています。コミュニケーションやチームワーク不足も原因の一つです。行動をわかりやすくし、やりやすく工夫することが大切であり、注意喚起を促し教育を徹底することが防止につながります。今回の事象を"認知""判断""行動"に分けてふり返ってみました。

1．認知：

詳しく知らなかった、理解していなかった、誤った知識を身につけていたことによって起こ

ります。今回の事象では、本生徒の疾患に関する理解やエピペンの使用方法の理解を深めることが対策になります。また、生徒自身が食物アレルギーの知識やエピペンの使い方、アレルギー表示について学ぶことも対策になります。

①呼吸困難

呼吸困難は"息苦しい"という主観的な症状であり、呼吸時の不快な感覚を指す自覚的な症状です。呼吸器疾患のみならず、さまざまな原因によって生じることを考慮しながらアセスメントを進めなければなりません。主観的症状で、自覚症状である呼吸困難と低酸素血症という客観的病態である呼吸不全とは同義語ではありません。呼吸不全の結果として呼吸困難は生じますが、呼吸不全がなくても呼

吸困難を生じることがあるので、呼吸器疾患に限定しないアセスメントをする必要があります。気管支ぜんそく発作やうっ血性心不全などの起座呼吸や過換気症候群の過呼吸など、疾患によって特徴的な呼吸状態を認めることもあります。

②アナフィラキシー

　アレルゲン等の侵入により、複数臓器に全身性のアレルギー症状が惹起され、生命に危機を与え得る過分反応を"アナフィラキシー"といい、アナフィラキシーに血圧低下や意識障害を伴う場合を"アナフィラキシーショック"といいます。

【今回の事象に関連した注意事項】

・発症初期には、進行の速さや最終的な重症度の予想は困難であり、同じ人でもアナフィラキシーの発症ごとに違いがあります。

・ピーナッツ等の一部の食物によるアナフィラキシーでは、経過中に二相性反応が見られることがあります。症状が出現した後4時間までは診療所や病院内で経過観察することが望ましいといわれています。

・アナフィラキシーを重篤化させる因子である年齢関連因子として思春期・青年期は、薬剤・アルコール・嗜好性薬物の使用等のリスクを伴う行動が増加する時期だといわれています。

・アナフィラキシーを増幅させる促進因子としては、運動・急性感染症・精神的なストレス・旅行等の非日常的な活動・月経前状態があります。

【アナフィラキシーの症状に類似する疾患・症状】

・**鑑別が困難な疾患・症状**：ぜんそく・失神・不安発作/パニック発作・急性全身性じんましん・異物の誤嚥・心血管疾患（心筋梗塞、肺栓塞症）・神経的疾患（けいれん、てんかん、脳血管疾患）

・**食事関連**：ヒスタミン中毒・グルタミン酸ナトリウム過敏反応・亜硫酸塩過敏症・食中毒

・**内因性ヒスタミン過剰**：マス（肥満）細胞症・クローン性マスト細胞異常・好塩基球白血病

・**皮膚紅潮症候群**：閉経周囲期・カルチノイド症候群・自律神経性てんかん・甲状腺髄様がん

・**非器質性疾患**：声帯機能不全・過換気・心身症

・**ショック**：循環血液量減少症・心原性・血液分布異常・敗血症

・**その他**：非アレルギー性血管浮腫・全身性毛細管漏出症候群・レットマン症候群・褐色細胞腫

【ラテックスーフルーツ症候群】

　ラテックスアレルギーの30〜50％では、果物や野菜に含まれるアレルゲンと交差反応し、アナフィラキシーを含む即時型症状や口唇アレルギー症候群を起こす場合があります。本生徒はラテックスアレルギーと果物のアレルギーがありました。

ラテックスーフルーツ症候群の原因となる果物・野菜

ハイリスク群	アボカド・クリ・バナナ・キウイフルーツ
それ以外	リンゴ・ニンジン・セロリ・メロン・ジャガイモ・トマト・イチジク・パパイヤ・メロン・マンゴー・パイナップル・モモなど

③過換気症候群

　精神的な不安や極度の緊張等により過呼吸の状態になり、血液がアルカリ性となることでさまざまな症状が起こる状態です。パニック障がいや極度の不安や緊張等で激しく何度も息を吸ったり吐いたりする過呼吸状態になると、血液中の炭酸ガス濃度が低くなり、呼吸中枢により呼吸が抑制され、息苦しさ（呼吸困難）を感じます。このためさらに何度も呼吸をしようとします。血液がアルカリ性に傾くと血管の収縮が起き、手足のしびれや筋肉のけいれんが起こります。

　肺や心臓の検査に異常がないことがわかっ

ている場合は、ゆっくりと話しかけ安心させ、ゆっくりと小さな呼吸に導きます。可能であれば呼気を5秒以上かけて行うよう指示します。以前はペーパーバッグ法が応急処置として行われていましたが、血中の酸素濃度が低くなりすぎたり、炭酸ガス濃度が過度に上昇したりする可能性があるため行いません。

2．判断：

事実に対して誤った判断をすることによって起こります。知識不足による状況判断の欠如や思い込みが誤った判断につながります。今回の事象対応における判断についてふり返りを行い、今後の対応について再考することが対策になります。

学校医に今回の事象を報告し判断と対応について助言を得ました。

学校医から、「高校生は幼児と違って気道が成長しているので、比較的落ち着いて対応できる。とくに息苦しさ以外の症状を確認し、なければ落ち着いて対応してもよい。過換気では、喘鳴、じんましん、唇の腫れは見られない。主治医の指示があるのであれば、指示どおりの対応をしても問題はない。とくに保護者の安心のためにもその方がよいだろう」との助言を得ました。

また、アナフィラキシーとアナフィラキシーの症状に類似する疾患・症状との鑑別ができることが判断を誤らないために重要となります。

アナフィラキシーの症状に類似する疾患・症状の鑑別のポイント

鑑別困難な疾患・症状	共通する症状	鑑別のポイント
ぜんそく	喘鳴・咳嗽・息切れ	ぜんそくでは瘙痒感・じんましん・血管浮腫・血圧低下は生じない
不安発作/パニック発作	切迫した破滅感・息切れ・皮膚紅潮・頻脈・消化器症状	不安発作/パニック発作ではじんましん・血管浮腫・血圧低下は生じない
失神	血圧低下	純粋な失神による症状は臥位をとると軽減する。通常は顔面蒼白と発汗を伴い、じんましん・血管浮腫・血圧低下は生じない

・過換気症候群：喘鳴、じんましんなどの皮膚症状はみられない。
・咽頭領域の急性症状：咽頭の発赤・咽頭痛・嚥下痛・喉の炎症症状が強い。じんましんなどの皮膚症状や消化器症状はみられない。

3．行動：

勝手な判断でルールを守られず、慣れによって危険の予知が遅れ、適切な行動をすることができないことにより起こります。今回の事象対応についてふり返りを行い、今後の対応について再考することが対策になります。

学校医の助言も基にして消防署の救急隊に今回の事象を報告し、今後の対応について助言を得ました。

救急隊から「アナフィラキシーの症状は急激に進むことがある。エピペンを使うような場合は遠慮せず救急車を要請してほしい」「救急車を要請するのと同時に指定されている搬送先の病院へも連絡を入れてほしい」との助言を得ました。

今回、私は勝手な判断で救急車を要請せず、タクシーで病院搬送を行っています。この判断や行動がヒューマンエラーであり、事故の原因や誘引になります。緊急時は決められたマニュアルに沿った対応を行うことの意味と大切さをあらためて学びました。

本生徒がクッキーを食べた行動についても、“うっかり”だけではない、青年期特有の心性が関連している可能性があります。

高校生をはじめとする青年期は、友人関係の重要性が一段と増す時期であり、その中にはさまざまな力関係が存在します。お菓子のやりとりを通して人間関係を構築する場合や、力関係によって断り難い場面が生じることがあります。

また、現在の中学・高校ではお互いの意見衝突を避けるため、慎重に人間関係を営んでいます。そして、"優しい" 人間関係で結びついた人間同士の絆は、その場の"空気"によって変化し、友人関係が簡単に崩れてしまうほどの非常にもろいものだといわれています。

そのような関係性の中でアレルギー表示を確認したり、表示されていないから食べないという選択をすることは、場の"空気"によって難しいことを理解しながら対策を考えたり、自己管理への支援を行っていかなければなりません。

今後の改善策と課題

<改善策>
1．緊急体制の見直し

本生徒が入学するに当たって、安全に学校生活を送るために保護者・主治医と話し合い、生徒の意見を聞きながら、宿泊行事の参加方法、食物・食材を扱う授業・活動への参加方法、緊急時の対応について、具体的に決めていきました。その内容は学校医に報告し助言を得ていました。

決まった緊急時の対応は、本生徒の疾患の説明と併せて職員会議で報告し、フローチャートにしたものをラミネートして、体育館の教員準備室・学年職員室・事務室・保健室・職員室に置きました。救命救急法の職員研修でも再度、確認しました。

今回の対応をふり返り、反省すべき事項や改善すべき事項、あらためて学び直した事項や学校医・主治医・救急隊の助言を踏まえて検討し、新たに作成しました。

2．自己管理への支援

本生徒は、アレルギー物質を含む加工食品の表示とアドレナリン自己注射の理解に課題があります。

①アレルギー物質を含む加工食品の表示

アレルギー表示制度は、特定のアレルギー体質をもつ者の健康危害の発生を防止することを目的に容器包装された加工食品に特定原材料の表示を義務付けています。

表示が義務付けられている特定原材料以外に表示が推奨されている（任意表示されている）特定原材料に準ずるものがあります。

表示されるものは、あらかじめ箱や袋で包装されている加工食品、缶詰や瓶詰の加工食品、一方表示されないものは、店頭ではかり売りされる総菜・パンなどその場で包装されるもの、注文して作るお弁当、飲食店のメニューなどがあり、注意が必要です。

	特定原材料等の名称	理由	表示の義務
特定原材料	えび・かに・卵・乳・小麦・そば・落花生	とくに発症数、重篤度から勘案して表示する必要性の高いもの	表示義務
特定原材料に準ずるもの	アーモンド・あわび・いか・いくら・オレンジ・カシューナッツ・キウイフルーツ・牛肉・豚肉・鶏肉・くるみ・ごま・さけ・さば・大豆・バナナ・まつたけ・もも・やまいも・りんご・ゼラチン製品	症例数や重篤な症状を呈する者の数が継続して相当数みられるが、特定原材料に比べると少ないもの。特定原材料とするか否かについては、今後、引き続き調査を行うことが必要。	表示の推奨（任意表示）

【表示を見るときの注意】

・アレルギー物質を含む食品の表示は、原材料名の欄に記載されています。「〜を含む」「〜由来」と表示される場合もあります。

・一括表示の枠外にも、注意喚起表示がある場合があるので、しっかり確認しましょう。原材料としては使用していないが、製造する際、ごく微量に混入する可能性がある場合などに表

示されます。

・食べ慣れた加工食品でも原材料が変更されることがあるので、毎回チェックしましょう。

・容器包装の表面積が30cm²以下のものには表示されないことがあります。

アレルギー物質を含むことが簡単にわかる食品は、卵や乳などの原材料名の代わりに、その原材料が含まれていることが理解できる食品名で表示してもよいことになっています。

表示を確認するときは、見落とさないよう注意しましょう。

別名称で表示できる食品の例

卵	かに玉・親子丼・目玉焼き・オムレツ・オムライス
乳	ヨーグルト・チーズ・アイスクリーム・脱脂粉乳・乳糖
小麦	パン・うどん・小麦粉
そば	そば粉・そばぼうろ・そばまんじゅう
落花生	ピーナッツバター・ピーナッツクリーム

②アドレナリン自己注射の理解

主治医や保護者の協力を得て、あらためて緊急性の判断と対応、エピペンの使い方などを説明してもらい、エピペンの使い方については、一人でも判断して使えるように練習してもらいました。

3. 教職員全員への情報共有と緊急時対応の周知徹底

教職員全員が常に緊張感を持っていられるように支援委員会などで、関わりがなくても毎回情報共有することにしました。毎年、救急法の講習会においてエピペンの使い方について学ぶ機会をつくることにしました。

<課題>

今回の事象からさまざまな改善を行いましたが、自己管理への支援に課題が残ります。

1. 緊急時対応の確認と徹底

幸い今回の事象以降、息苦しさなどを訴えることはありません。家でも食物アレルギーの症状が出ることもなく過ごしています。そのことが気の緩みにつながったのか、調理実習の日にエピペンを忘れました。これからも宿泊行事や食物・食材を扱う授業・活動は続きます。そのたびに具体的な参加方法や緊急時の対応について確認を行っていかなければなりません。

2. 人間関係の把握

高校生をはじめとする青年期は、アナフィラキシーリスクを伴う行動が増加する時期です。

精神的なストレスや旅行などの非日常的な活動の機会が多くなり、友人関係が生活に大きく影響する時期です。学校で把握できる人間関係は限られていますが、日々の生徒の表情や言動に注意を払い、思春期の心性を考慮した上で、本生徒の人間関係にも気を配っていきたいと思っています。

今回の対応を"認知""判断""行動"に分けてふり返り、足りなかった知識を補い、なぜ状況判断と行動に一貫性がなかったのかを考えることで、あらためて緊急時は決められたマニュアルに沿った対応を行うことの意味と大切さを学びました。ヒューマンエラーは、思い込みが原因であることが多いといわれています。これからも自分の行った対応を丁寧にふり返り、確実に適切な対応ができるように実践力を身に付けていきたいと思います。

<参考文献>
・食物アレルギーの診察の手引き2017 研究代表 海老澤元宏 2018年
・アナフィラキシーガイドライン 日本アレルギー学会 2014年11月
・呼吸困難 西川正憲 日本内科学会誌 第99巻 第6号 平成22年6月
・呼吸器の病気 日本呼吸器学会 www.jrs.or.jp/
・アレルギー物質を含む加工食品の表示ハンドブック 消費者庁 平成26年3月

知っててよかった！
～食物アレルギーの対応について～

○発症までの時間について

食べてから、症状が出るまでの時間は、食べ物の種類や、人によって大きく異なりますが、以下の時間で症状が現れることが多いようです。

症状が現れ始めると，急速に症状が広がります！

> 牛乳アレルギー：食べている最中から15分以内
> 卵白アレルギー：10分後から30分以内
> 小麦アレルギー：30分後から60分以内

＊症状が現れ始めてから<u>30分以内</u>の対応が勝負です！

○症状について 裏面（次ページ）もご確認ください。

症状は、皮膚の症状、口や目の粘膜の症状、おなかの症状、呼吸の症状、血圧や循環器の症状、意識症状の6つの領域に分けられています。そして、それぞれの領域の症状の程度がⅠ～Ⅲのグレードに分けられています。

グレードⅠ→初期症状。内服薬がある場合はこの段階で飲む。

グレードⅡ→十分な医学的管理におく段階。急いで受診をさせる必要がある。エピペンが処方されている場合は、使用準備をする。

グレードⅢ→アナフィラキシーショックといわれる段階、すぐに救急車の要請をする。エピペンが処方されている場合は，迷うことなくすぐに使用する。

エピペンの使用について

「エピペン」は本人もしくは保護者が自ら注射する目的で作られたもので、注射の方法や投与のタイミングは医師から処方される際に十分な指導を受けています。

しかし、アナフィラキシーの進行は一般的に急速であり、エピペンが手元にありながら症状によっては、本人が自己注射できない場合も考えられます。エピペンの注射は法的には「医行為」にあたり、医師でない者（本人と家族以外の者である第三者）が「医行為」を反復継続する意図をもって行えば医師法第17条に違反することになります。しかし、アナフィラキシーの救命の現場に居合わせた教職員が、エピペンを自ら注射できない状況にある児童生徒に代わって注射することは、反復継続する意図がないと認められるため、医師法違反にならないと考えられます。また、医師法以外の刑事・民事の責任についても、人命救助の観点からやむを得ず行った行為であると認められる場合には、関係法令の規定によりその責任が問われないものと考えられます。

資料ダウンロード可

今、目の前にアナフィラキシーショックの疑いがある子がいたら、どうしますか？自分のクラスにはそこまでの子はいないから大丈夫！とは思わないでください。今までおいしく食べていた物が急にアレルゲンになることもあります。食物アレルギーは常に身近に迫っている危機だということを再度確認していただきたいと思います。

○教職員の役割

1. 異常に気づく

アナフィラキシーは症状が現れ始めると、急速に広がります。そのため、1分1秒でも早く異常に気づき、アナフィラキシーの初期症状なのか、それ以外のことが原因になっているのかを見極めることが大切です。

2. 認識する

子どもが体の不調を訴えたとき、それがアナフィラキシー症状かもしれないという認識につながることは少なかったのではないかと思います。しかし、食物アレルギーがある子に対しては、必ずアナフィラキシー症状も疑うようにしてください。

3. 観察する

アナフィラキシーかもしれないと認識をしたら、いつも以上に丁寧に健康観察を行ってください。そして、観察と同時に問診を行い、他の症状が出現していないかの確認もしてください。

観察ポイント→顔色、表情、じんましんの出現があるかなど、いつもと違うところを探してください。
※問診内容の例→「息苦しくない?」「どこかかゆいところはある?」「おなかはどう?」など。

＊複数の領域にまたがって症状が出現している場合は，アナフィラキシーの可能性が高いです。

4. 保健室への移動

アナフィラキシーの可能性がある児童を保健室へ移動させる場合は、一人で行かせるということは絶対にやめてください。症状が急速に広がり、保健室に着くまでにうずくまってしまい、動けなくなっていることがあるかもしれません。担任の先生など、大人が付き添って移動するようにしてください。
そして、明らかにアナフィラキシー症状の場合やグレードⅡの症状がみられる場合には、子どもを歩かせないようにしてください。体を動かすと、アレルギー反応が進み、症状が悪くなることがあります。このような場合の保健室への移動に関しては、抱っこやおんぶ、横抱きにする場合があります。どうしても1人で移動をさせなければならない場合もありますが、頭の部分を高くすると血圧が低下し、症状が悪化する場合があるので、望ましくありません。居合わせた人だけでなく、他の教職員にも助けを求め、複数人で協力して、頭を上げないように保健室まで移動させてください。担架を利用して移動させることが理想です。

5. 連絡

症状によって、すぐに保護者へ連絡をしていただいたり、救急要請の連絡をしていただく必要があったりします。すぐに連絡ができるように、連絡先がわかるようにしておいてください。
救急要請をする場合には、必ず「食物アナフィラキシーです。」と伝えてください。それだけで、緊急度の高さが伝わります。

資料ダウンロード可

食物アレルギーに関わる共通認識

　本稿では、食物アレルギーの対応に全校体制で取り組んできたことが周知徹底できず、子どもの思わぬ行動から、アナフィラキシーショック発症のリスクを引き起こしそうになった出来事についてふり返っていきたいと考えます。

事例　アレルゲン（牛乳）が手洗い場に流されていた（小学校）

事例	小学1年生
発生状況	アレルギー有症状者のアナフィラキシーショックを未然に防ぐため、日頃から手洗い場の使い方について全校児童に注意を呼びかけていましたが、給食後の昼休みに、使用について制限を加えていた手洗い場（牛乳パック洗浄禁止等）に牛乳が流されているのを、掃除の点検で通りかかった教諭が発見し、すぐ保健室に報告がありました。
経過・対応・結果	食物アレルギーの児童が多数在籍している中で、とくに重症化予防のため牛乳等完全除去をしている児童が小学1年・3年・6年にいます。アレルギーの症状に個人差はありますが、牛乳が体に付着したり、臭いをかいだりすると、アレルギー症状を発症する児童がいて、誤って体内に入るとアナフィラキシーショック発症の危険性が高くなるため、それぞれエピペンを自己保管および保健室保管している状況です。 　本校ではリスクマネジメントの一環として、牛乳等の食物アレルゲンを持ち込まない手洗い場を校内に2箇所設置しており、アレルギー重症児童たちはその指定手洗い場2カ所を常時使用することと決め、給食後の歯みがきなどを行っています。年度初めに、手洗い場の使用や給食指導について全教職員間で申し合わせ事項として、保護者と共に共通理解し、子どもたちには「指定手洗い場2カ所に関して、①食物残滓（ざんし）は流さない、②牛乳パックは洗わない、③他児童の歯みがきは避ける。」ということで周知徹底していました。また、養護教諭と栄養教諭の発信で使用禁止の張り紙を正面に掲げ、視覚支援に努め全校体制で注意を促してきました。 　ところが、手洗い場掃除担当クラスの担任が清掃指導（準備段階）のため見回っていた際、指定手洗い場に白い液体を見つけ「牛乳ではないか」との判別で保健室へ報告がありました。連絡を受けた養護教諭は急いで現場にかけつけて、臭い・色から白い液体は明らかに牛乳であることを確認しました。こうして、牛乳を洗った様子が見られたため、牛乳パックが近くにないか探したところ、その横の掃除ロッカーに牛乳パックが隠されていたのを直後に発見してさらにヒヤリとしました。 　養護教諭は直ちに手洗い場の洗浄（掃除）作業を入念に行い、牛乳パックを回収し給食室へ返却しました。並行して牛乳アレルギー該当児童の担任に連絡し、該当児童にはしばらく指定手洗い場に近づかないよう指示してもらい、

	その後も身体症状など異変がないかどうか経過観察を行いました。その後、栄養教諭と連携して、教職員へ各学級における牛乳パック回収方法について十分確認してもらうように指導を徹底し、食物アレルゲンを持ち込んではいけない手洗い場についての再確認を行いました。
ヒヤリハットした原因	当該児童たちは、指定された手洗い場で給食後の歯磨きや休み時間の遊び後の手洗いなど毎日使用している様子を見ていましたので、万一、牛乳を流してあった手洗い場で手を洗っていたり、歯みがき行為を含むうがいをしていたりしたら、間違いなく牛乳の滴が体に付着していただろうと考えられます。その結果アナフィラキシーショックを発症していたかもしれません。 　また、第一発見者の教諭は、午後から出張だったため、普段より早いタイミングで手洗い場の掃除開始指導の見回りをしていたため、早い段階で見つけて対応することができたのです。該当児童たちは、大事には至りませんでしたが、もし見回るタイミングがずれていたり、同様な状況（牛乳が流されている現象）がくり返し起きたりしたときには、アレルギーの発症を防ぎにくいと推察します。
気づきや課題	教職員の危機管理意識を高めることの必要性と子どもたちにくり返し指導していくことの大切さを実感しています。 　第一発見者の教諭からすぐに報告があったことは、これまでの発信の成果でした。しかし、私たち養護教諭への報告が必須と考え動くと同時に手洗い場の清掃担当児童にも、瞬時の判断でさまざまな指示や確認を行うことが大事だと思われます。アレルギー有症状者がいつものように使用してしまわないように、たとえば見張り役として協力を求めることも発症防止につながることだったと考えます。いろいろな状況を想定して、養護教諭自身も複数の指示ができる体制を整えておく必要があります。
今後の対策の視点	該当児童のクラス担任と該当児童がいないクラス担任とでは、危機管理意識に多少の温度差があるように感じます。「子どもの命を全員で守りきる」という認識強化を共有していくことの困難さを痛感します。該当児童のクラスでは、牛乳パックの回収一つにしても、ストローをはずさず、差し込んだ状態での回収を習慣化しています。そのため、必然的に日常の危機意識も強く、給食指導後の観察も入念に行っています。半面、該当児童のいないクラスにおいては、牛乳処理については学級内にて牛乳バケツを使って個人任せでパック洗浄を行っている現状があります。学級によっては、教室内でなく、教室横の廊下にバケツを設置し、洗浄しているクラスもあります。 　限られた時間内での給食指導は、個々の食べる速度が異なり、担任は時間に追われてしまいます。そのため、回収数の確認を怠ってしまい、今回のように教師の知らないタイミングで個人の動きとして、牛乳パック洗浄を禁止している手洗い場で牛乳を流すというリスク要因（行動）が生じてきます。誰がしたかなど一切問題にしておらず、危険行動をとらないようにするための指導（事前予防）を、担任との連携と信頼関係によって何度も情報発信していくことを優先していきたいです。

ヒヤリハット体験事例を通して学んだ成果

今回の件で、全教職員に対して再々にわたり注意徹底してきた効果もみられるようになりました。再確認のための研修後、給食の食材運搬の際に、卵スープが廊下に少しだけこぼれ落ちてしまったことがありました。そのときに、後ろを通りかかった担任は、気がついた瞬間直ちに職員室に「渡り廊下に卵がわずかですがこぼれています」と報告がありました。職員室にいた教職員全員は一丸となって現場確認へと向かい、ある職員はマットを捲（まく）り、ある職員はホースを手配し、また他職員は卵アレルギー有症状者の該当クラスに内線連絡に走り、シャワー水で洗浄する者、バケツに水をくむ職員、雑巾や使い捨て手袋の緊急予備セットから準備していた職員、養護教諭は嘔吐処理等・消毒洗浄グッズ（塩素系消毒薬など一式）を運び、チームワークで次々と適切な処理に至りました。このことは、「全員で徹底して危険回避する。」という意識が如実に表れた行動だったと実感しました。

何か危機が起こるまでの手だてとして、自分にできることをまず考えて行動することが最も重要です。危機管理の際の役割分担については研修で確認していますが、実際はその場に居合わせた者同士が声を掛け合い、子どもを守ることに尽きると考えます。

アレルギー発症は、どこで発症するかはわかりませんので、いろいろな想定を設定して各自どう動いたらいいかに重点を置いて、保護者の立ち会いのもとでシミュレーション体験やロールプレーにてアレルギー対応の実技訓練を行っています。

改善策の実践例について

以下は食物アレルギーの実践を兼ねた研修内容になります。全校体制で共通理解した事項の一部と研修内容（ロールプレー）および保護者と相談して作成した教職員研修用のプレゼンテーションを紹介します。

新1年生　○○さん

食物アレルギーに関する事前相談内容例

日時	平成26年4月　○日（金）　15時半〜　（1時間ほど入学前に実施）

主な内容	①今までの経過について　②学校生活で配慮する点 ③給食時間について　④緊急搬送・緊急時の対応について

○年生　○○○○さん

食物アレルギーに関する事前相談活動と対応例

日時	平成26年4月　○日（金）　16時半〜　（1時間半ほど進級前に実施）

資料ダウンロード可

> **内容** ①食物アレルギーについて　②学校生活で配慮する点　③給食時間について
> ④緊急搬送について　⑤ロールプレー（緊急時の対応について）　⑥エピペン実演

①食物アレルギーについて　（保護者より　15分ほど情報提供後、意見交流）
　　　　　　　　＊教職員からの確認事項

②学校生活で配慮する点（全教職員共通理解事項）
・南校舎〇階の手洗いでは牛乳の洗浄はしない！（〇〇さんが使うため）
・掃除の場所　食べ物のアレルゲンのない所
　　　　　　　　教室掃除した日は体調がよくない。
　　　　　　　＊南校舎〇階の音楽室や廊下で検討中
・宿泊学習前の調理実習を行う場合には、宿泊先との連携を密に行い、アレルゲンについて十分に確認する。
・内服薬（保健室預かり分）とエピペン（ランドセル）の場所の確認を行う。
・教室は元〇－〇組。（南校舎〇階・階段横）

③給食時間について
・給食当番の際、準備は食器運びを行う，片付けはしない。
・給食配ぜん中は保健室もしくはプレールームで待機する。配ぜん終了時（15分後を目安に）に教室に戻る。（内線連絡する場合もあり。）
・給食中は（当初）〇〇先生（中学年TT教諭）の横で食べる。→様子観察
・牛乳パックの片付け方法について、指導を徹底する。
　＊飲み終わったらストローは抜かない、パックは開かない状態で回収して、給食室に返却する。
　　　　　＊元〇組以外の児童には、ストローを抜いたり、パックを開けたりしないように十分声かけを行う。　　　　→これまでの習慣と異なるため

④救急搬送について
・症状が現れ、救急搬送が必要と判断した場合は、①救急車の要請②保護者に連絡を同時に行う。
　（職員室に用意したピンクの救急体制のファイルで教職員確認済み。）
・症状が現れた場合は、安静を基本とし担架などを活用、水平に搬送すること。

⑤役割を決めてロールプレーをする。
ロールプレーについて（2パターン実技研修を行う）

> **役割分担**
>
> 〇年女児・友だちA・B・C・担任・他のクラスの担任（同学年）・栄養教諭・クラスメート・管理職（学校長・教頭・副教頭・教務）・養護教諭・職員室の教職員・ナレーター

> **必要物品**
>
> 担架・内服薬・練習用エピペン（エピペントレーナー）・緊急体制用ファイル・電話・ペットボトル（2リットル）・記録用紙・筆記具

資料ダウンロード可 ↓

設定

> 1 食物アレルギーのある〇年女児が、昼休みに運動場で鬼ごっこをしていて、「息苦しさ」を伝える。

> 2 食物アレルギーのある〇年女児が、教室での自習中に「口のかゆみ」を訴える。担任は隣のクラスの授業を見学している。

〇ナレーターの主たるせりふ

設定1 昼休みに鬼ごっこをしていて、終わりのベルが鳴る頃に、一緒に遊んでいた友だちに「息が少し苦しい」と訴える。しかし、笑顔で「大丈夫、大丈夫」と言って続ける。やはりしんどそうなので、友だちが先生を呼びに行く。
（周りの動きを見る）
「保健室に吸入があるの…」と、本人が伝える。

設定2 担任が隣のクラスの授業を見学に行き、自習をしていた。隣の席の子に「口の中が変な感じがして、かゆい」ことを伝える。
（周りの動きを見る）
「おなかも痛い…」と、うずくまる。
吐き気がしてきました。
顔色がとても悪くなってきました。

⑥エピペンの実技研修→ロールプレー設定2の対応と重ねて養護教諭が見本
設定2の場面対応で養護教諭による実演を見た後に、校内研修に参加した教職員全員がエピペントレーナーを用いて演習を行い、体感してもらいます。教職員全員が一斉に行う研修状況や場合によっては、ペットボトル（2リットル）を大腿部に見立てて演習することもあります。

〈留意事項〉
針の出方や薬液の挿入タイミング・注射部位の確認と注射（挿入）時間の確認を体感することで、いざというときに落ち着いて自己注射の介助あるいは緊急注射ができるように各自スキルを高めることをねらいとしています。

実技研修を終えて

事前相談活動については、相談後、主治医の指示など進級に伴う変更点などがあるため、再度まとめて教職員に伝えるようにしています。また、実技研修についてはすべて保護者と本人に立ち会っていただいて目の前で行っています。緊張した空気感で、一緒に研修を進めていく中で、相互に信頼関係をより深めたり、安心感を高め合ったり効果的でした。シミュレーション体験を行うことで、家庭と学校の真の連携が図られ、危機遭遇に備えています。今後も一人一人を大切にする支援体制はぶれることなく、ヒヤリハット体験から学んだ危険予防対策に努めていきたいです。

食物依存性運動誘発 アナフィラキシー

　食物アレルギーの特殊型である食物依存性運動誘発アナフィラキシー（FEIAnまたはFDEIA）の好初発年齢は中学・高校生から青年期であり、アナフィラキシーの症状の進行は早く迅速な行動が求められます。アドレナリン自己注射が、まだ一般的でない頃に起こった今回の事例を通して、緊急時の対応

の見直し、再発の予防の取組、アレルギー疾患の理解啓発を行った具体的な内容を紹介します。
（※保健指導や、理解啓発に使用した資料は、「食物アレルギー診察ガイドライン2016ダイジェスト版（2018年度改訂版）」に沿って修正しています。）

事例 5時間目の体育の時間中に気分が悪くなった（高校）

事例	高校1年生　男子
発生状況	5時間目の体育の途中、「気分が悪くなった」と一人で保健室に来室しました。皮膚症状はありませんでしたが、顔が全体に腫れているように感じました。
経過・対応・結果	食物アレルギーはありませんでしたが、ぜんそく発作の既往があることや食後すぐの体育であることから、食物依存性運動誘発アナフィラキシーの初発を疑い、病院受診の準備を始めました。保護者や管理職に連絡をとり、症状の進行がないのでタクシーで病院を受診することとし、診察してもらえる病院を探しましたが、なかなか受け入れてもらえる病院が見つかりませんでした。1時間近く探し、ようやく受け入れ病院が見つかったときには、症状が治まっていました。
ヒヤリハットした原因	「症状が急激に進行していったら…」と思うとヒヤリとしました。呼吸器症状が出たときには救急車を呼ぼうと決めていましたが、救急隊に連絡すれば、すぐに受け入れてもらえる病院があったのかどうかはわかりませんでした。マスコミのニュースで救急搬送時の受け入れ先が見つからないことが問題にされていたのもこの頃でした。
気づきや課題	近隣に多くの病院があるにもかかわらず、診察時間外に病院を受診することの難しさを感じました。アレルギー疾患だけでなく、緊急受診の可能性のある生徒の個別の緊急体制について、医療機関・消防署などの関係機関との連携を含めて、病院の探し方から見直す必要があると思いました。また、給食未実施校では、食物アレルギーに対する危機意識が低く、生徒を含めた理解啓発が必要だと思いました。
今後の対策の視点	優先されるのは、アナフィラキシーの予防です。専門医の診察を受け原因食物を知るなど、正しい診断に基づいた予防策を考えなければならないと思いました。再発は、食事と体育や体育的行事の時間的な配慮だけでは予防できません。生徒自身が正しい知識を持ち、自己管理できるようになることが大切です。しかし、保健指導を行っても、自己管理が不十分な状

態が続き、個別指導の限界を感じました。併せて学校全体へのアレルギー疾患の理解啓発を行うことにしました。

ヒヤリハット事例を通して学んだこと

今回の事例を通して、緊急体制はきめ細やかなものでなければならないと反省しました。事例に限らずクラブ活動中のけがでも、受け入れ病院を探すのに苦労することがあります。地域の時間外緊急体制を把握し、病院の探し方を含めた緊急体制を考え、教職員へも周知することが大切になります。緊急受診の可能性が高い生徒の"個別の緊急体制"は、保護者や主治医などの連絡先や病院受診の目安となる症状、その場での対応などを考えて、より具体的にする必要があります。

次に、アレルギー疾患の自己管理に関する保健指導の難しさを学びました。保護者の管理が及ばなくなる思春期以降の生徒に対する保健指導は、知識理解にとどまらず、学校や家庭での生活全般に配慮し、生徒の意見を尊重しながら行わなければ、生活を変え行動を変えることはできません。集団の中で、生活や行動を変えるためには、周囲のアレルギー疾患に対する理解は不可欠で、理解啓発が大切になります。

＜緊急体制の見直し＞

・情報収集

学校医に今回の対応の報告を行い、緊急体制の見直しについて相談し、地域の診療時間外の緊急搬送の現状についてお聞きしました。地域の相談窓口や医師会が発行している対応マニュアル・診察案内などをいただくことができました。養護教諭研究会などでも、各校の緊急体制や診療時間外の病院受診について現状や工夫点を聞きました。

その他、保健センターや消防署にも相談しました。

> 今回の事例のふり返りを行う中で、食物アレルギーに対してさまざまな対策を立てている市町村や医療機関があることを知りました。入学前にアドレナリン自己注射を処方されている生徒を、市町村単位で把握し消防署と連携を図り、緊急搬送時には主治医の医療機関に緊急搬送できるようなシステムができている所があったり、医療機関がアドレナリン自己注射の講師派遣を行っていたりしました。校種の枠を超えた学校間の連携や養護教諭のつながりが大切であると思いました。

【個別に作成した緊急体制】

アレルギー症状

全身症状	呼吸器症状
・意識がない	・声がかすれる
・意識もうろう	・咳
・ぐったり	・息がしにくい
・唇や爪が青白い	・ゼーゼー、ヒューヒュー

消化器症状	皮膚症状
・腹痛	・かゆみ
・吐き気、おう吐	・じんましん
・下痢・赤くなる	

顔面・目・口・鼻の症状
・顔の腫れ
・目のかゆみや充血、まぶたの腫れ

中程度の消化器症状
・くしゃみ、鼻水、鼻づまり
・口の中の違和感、唇の腫れ

緊急連絡先
保護者　　母 000-00-000
　　　　　父 000-00-000
主治医　　000-00-000
消防本部　000-00-000

アレルギー症状がある
↓
他の教員を呼ぶ　→　保護者に連絡

緊急性の判断
（5分以内に）
あり　　なし

あり→保健室で安静（5分ごとにチェック）
なし→その場で安静（歩かせない）

★意識がなければ心肺蘇生・AED

全身症状や呼吸器症状
強い消化器症状がある
↓
救急車で医療機関へ

顔全体の腫れ・
まぶたの腫れ・強い皮膚症状がある
↓
医療機関へ

《参考：東京都健康安全研究センター「食物アレルギー緊急対応マニュアル」一部改変》

資料ダウンロード可

・緊急時の緊急体制

　見直しを行った"緊急体制"と"個別に作成した緊急体制"は、職員会議で説明し校内で周知するようにしました。

　地域の相談窓口や医師会が発行している対応マニュアル・診察案内は、保健室と職員室事務室に掲示してあります。

＜安全な教育活動を行う上で大切なこと＞

・再発予防

　緊急受診した病院では、"FEIAnの疑いが強いが、原因となる食物はわからない。体調の悪いときは食後の体育は見学するように"と言われました。学期途中の時間割の変更が難しかったため、次年度から体育の授業はすべて午前中になるようにしました。年度末は人の入れ替わりがあり多忙でもあるので、見落としのないように複数でチェックできるようにしまし

図1　わが国の食物依存性運動誘発アナフィラキシー報告例の原因食物と発症時の運動

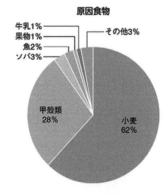

原因食物

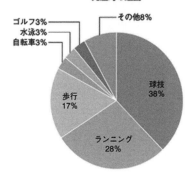

発症時の運動

「食物アレルギー診療ガイドライン2016ダイジェスト版（2018年度改訂版）」
日本小児アレルギー学会食物アレルギー委員会作成より

た。体育祭の参加種目も午前中になるようにしました。

・疾患の基礎知識

　FEIAnの発症は体育やクラブ活動中が多いことから、全教職員の疾患に対する理解と緊急時の周知が欠かせません。緊急受診をした次の職員会議で資料を使って説明しました。

※FEIAn：特定の食物摂取後に運動することによって、じんましんや呼吸困難、血圧低下など全身に及ぶ激しいアレルギー反応が起こる場合をいいます。好初発年齢は中学・高校生から青年期で、食後2時間以内に運動した場合に起こることが多く、発症時の運動は負荷の大きい種目が多くなっていますが、入浴で起こることもあります。原因食物は小麦製品と甲殻類が大部分ですが、他の食物の場合もあり、洗顔せっけんに含まれる小麦の分解物が皮膚から吸収されることにより起こった例もあります。症状を悪化させる要因として、かぜ薬に含まれるアスピリンや体調不良などがあげられます。

図2　発症に関与する要因

運動	（負荷量、種類、食事の間隔）・入浴
食物アレルゲン	（量、種類、組み合わせ、すべて）
全身状態	（疲労、寝不足、感冒）
気象条件	（気温：高温、寒冷　湿度：高い）
自律神経	（ストレス）
薬剤	（NSAIDs：アスピリン）・アルコール
家族性	
月経	（女性ホルモン）
花粉	（野菜・果物）
化粧品	（加水分解小麦含有）

≪「食物アレルギー診察ガイドライン2016ダイジェスト版（2018年度改訂版）」
より抜粋加筆≫

＜生徒への保健指導＞

・専門医の受診

　緊急受診した後、保護者を交えて専門医を受診するように勧めましたが、生徒は初発の症状が軽かったこともあり「大丈夫やろ」「大げさな」と言い、受診しませんでした。

　その後も、行事前検診で学校医から専門医

＊症状を防ぐ
・運動前に原因食物を摂取しない
・原因食物を摂取した場合、食後最低2時間は運動を避ける
・皮膚の違和感やじんましんなど前駆症状が出現した段階で運動は直ちに中止して休憩する
・感冒薬や解熱鎮痛剤を内服した場合は運動を避ける

受診の必要性を説明してもらった上で受診を指示してもらったり、個別指導を行った後に受診を勧めたりしましたが受診には至りませんでした。

・個別指導

　主治医の指導のもとに実施したかったのですが、受診する意欲が乏しいと判断し、自己管理に向けた保健指導を個別に始めました。学習意欲は薄いように感じましたが、"症状を防ぐ"を中心に疾患の基礎知識について、共に学習しました。

　個別に保健指導を行っても、食後すぐに運動部の活動に参加するなど、運動前の食事の内容も含めて生活を見直すことはありませんでした。その後、気分が悪くなることが数回あったようですが、その場で安静にして症状が治まるのを待っていたようです。

・生徒への理解啓発

　アレルギーに特化した保健指導の時間を設定するのは難しいため、"保健だより"でアレルギー特集を組みました。第1回目が"食物アレルギーについて"でした。

今後の改善策と課題

・地域連携

　緊急搬送時の医療機関の受け入れ体制や消防署との連携仕組みなど、学校では解決できない課題がたくさんあります。地域学校保健委員会など地域の関係者が集まる場で、問題提起するなど、課題について発信していく必要があると思いました。

・継続した理解啓発活動

　アレルギー疾患は現代的健康課題のひとつです。アレルギー疾患への理解啓発を一時的なものにせず、継続した取組にする必要があります。今後は、アドレナリン自己注射の研修を含めた研修会の実施が必要になります。ただし、各校で多くの教育的課題に合わせたさまざまな研修会が実施されています。隔年実施、他の研修と同時に行うなど、多くの教職員が参加できる形態での実施を考えなければなりません。

・個別の保健指導

　生徒の不安や希望を聞くことなく、保健指導が知識を伝えるだけになっていたことを反省しています。生徒の生活全般を知り、無理なく実施できることを共に考え、少しずつ実施しながら続けていけるか、何が困難かを共に考える保健指導が必要です。

・保護者との連携

　複雑な家庭背景があり、保護者との連携が不十分なまま学校主導で病院受診や保健指導を行ってしまいましたが、本来あってはならないことです。今回の事例では保護者との連携のあり方は大きな課題です。

・3次予防の視点

　見直した救急体制や、職員会議で行ったFEIAnの理解啓発の内容と教職員が真面目に取り組んだ様子、次年度の体育の時間における配慮など、学校での取組を生徒と保護者に伝えていたら、その後の学校生活が安心なものになったでしょう。これらの安心につながる配慮が不足していました。学校生活の安心は、学校への信頼につながり、保健指導への意欲につながっていくはずです。用意周到に取り組みたいと思っています。

第4章

救急対応

片頭痛で救急搬送

以前は「頭痛」を訴えて来室する高校生の3分の2 が筋肉性頭痛だという認識で対応していたため、「肩こり」や姿勢の悪さを指摘し、ストレッチや体操の指導をする機会が多かったものです。

しかし最近では、片頭痛を訴えて保健室に来る生徒が多くなっています。たとえば「見えなくなった」「チカチカ見える」などの前兆（閃輝（せんき）暗点と思われる）を訴えて来室した際には、家族歴などを踏まえて片頭痛の疑いで保護者に迎えに来ていただき早退させています。

本稿では、「嘔吐」を主症状として来室し何度も嘔吐をくり返し血圧低下を来したために、救急搬送したケースを体験しましたので、以下に紹介します。

事例 吐き気と頭痛を訴えて来室した（中学校）

事例	中学3年生　男子
発生状況	入学前説明会で登校した日（3月中旬）のことです。 10：15「廊下でふらふらしている生徒がいる」と教員に付き添われて、顔色が悪くふらふら状態の男子生徒が来室しました。来室してすぐに嘔吐したので、処理をしながらベッドで横臥位に寝かせてバイタルサインをみました。
経過・対応・結果	10：20　体温は36.0°血圧は130／65 mm Hg　脈拍は49回／分 　　来室時は、冬の時期でもあり「感染症（胃腸炎、インフルエンザなど胃腸かぜ）」「頭部外傷」「脳腫瘍症状」を疑いながら本人に問診をしました。 10：30　嘔吐　体温は36.4°血圧は120／65 mm Hg　脈拍は61回／分 　　左手指のしびれの訴えがありました。本人の様子を観察しながら、「昨日は午後少し寝てしまい、夜の睡眠は1時〜5時でボーッとしていたが、朝食を食べ排便もしてきたこと」や「中学1・2年のときに『片頭痛』で内服薬をもらっていたこと」を聞き取りました。 10：52　嘔吐　体温は36.8°血圧は90／60 mm Hg　脈拍は50回／分 　　状態が悪化したので、保健室待機の教員に管理職へ連絡をしてもらい、直ちに所属中学校へ電話連絡を依頼しましたが、このときは保護者に連絡が取れませんでした。 11：05　嘔吐（ほとんど内容物なし）　血圧は92/58 mm Hg　脈拍は50回／分　問いかけへの反応が悪くなってきました。 11：15　あくびあり　頭痛悪化　血圧は86／58 mm Hg　脈拍は39回／分 　管理職と相談の上、副校長が電話で救急車を要請しました。 11：20　嘔吐　脈拍は58〜60回／分 11：30　救急車到着（搬送先検討後搬送、本校教員が付き添いました） 14：20　保護者から本校に連絡が入りました。その時点でも片頭痛が強く、点滴中とのことでした。夕方に落ち着き、帰宅したとの連絡が入りました。

	そのとき、1年間片頭痛発作が起こっていなかったので、全く心配をしていなかったとも話されていました。
ヒヤリハットした原因	嘔吐が続き、血圧や脈拍が下がり、ショック状態を来したことに緊張感をもって判断し、救急搬送に至った点です。本校の生徒ではなく既往症や体質などの健康情報が不明であったことや保護者との連絡が取れなかったことで、様子をゆっくり見ることができませんでした。
気づきや課題	・「片頭痛」が嘔吐を主症状とすることの経験がなかったので、重篤な疾患ではないかと養護判断をしました。「片頭痛」についての知識や最新情報を知っておくべきだと思いました。 ・嘔吐をくり返していた生徒に水分を補給する、頭痛に対して冷やすなど、応急処置の方法があったのではないかと反省しています。 ・中学生を受け入れるときには、特別に配慮を要する生徒以外にも丁寧に中学校との連携を取っておくことが望ましいということを痛感しました。 ・救急体制として保健室に養護教諭以外に教員が配置されていたことで、養護教諭が生徒の様子観察に専念できたことはよかったのですが、養護教諭が複数配置されていたら生徒の安心感も増し、さらに迅速な連絡や的確な対応ができたのではないかと考えます。
今後の対策の視点	・養護教諭が、最新の医療情報を常々取り入れておくことが大切です。 ・生徒の既往症や健康情報をできるだけ詳しく収集し、把握しておきたいものです。 ・「片頭痛」の既往があれば、前兆・処方薬・医療機関への受診状況や対処法を確認しておくことも必要でしょう。また、来室生徒の頭痛の訴えに対して「片頭痛」を念頭に置いて対応することが大切です。 ・行事の救急体制は、保健室に養護教諭が一人ではなく複数の体制が必要だと考えます。

ヒヤリハット体験を通して学んだこと

嘔吐を主症状として来室したときには、感染症・胃腸症状や脳症状の一つともいえる片頭痛症状を疑って対応するべきであると学びました。生徒も不安だったであろうとふり返り、救急処置をしている私たち養護教諭の対応が本人にどれだけ安心感を持たせることができただろうかと自問する次第です。

片頭痛とは

脳内物質のセロトニンが直接的な原因として分泌の増減に伴い、脳血管が収縮・拡張することで血管周囲に網目状に張り巡らされている三叉神経が刺激を受け、痛みが生じるものです。

主にこめかみから発作的に痛み、4時間から72時間続きます。片側に現れることが多いですが両側が痛むこともあります。痛みは「脈打つような」と表現される拍動性頭痛で、前頭部や側頭部が主な痛みの部位です。そして、歩行や階段昇降などの日常的な動作により憎悪する、あるいは頭痛のために日常的な動作を避けるのも片頭痛の特徴です。

とくに10代の頭痛では、めまいを伴うか、随伴症状があるか、寝不足や寝すぎがないか、家族歴（とくに母親の片頭痛の既往）を丁寧に問診することが大切です。代表的な頭痛には、片頭痛の他に緊張型頭痛があります。緊張型頭痛は片頭痛と比べると、強い頭痛ではないため、生活の支障度は低く受診も少ないよう

です。

片頭痛の治療

　非薬物治療と薬物治療があります。

・非薬物治療：明らかな誘因を避けること（誘因例：チョコレート、チーズ、赤ワイン、強い日差し・低気圧・人混みなど）、静かな暗い場所で休むこと、痛むところを冷やすこと、鍼治療を受けるなどがあります。

・薬物治療：急性期には、頭痛に伴うムカムカ感、吐き気などの症状を取り除くための薬が処方されます（解熱鎮痛剤のイブプロフェンとアセトアミノフェン）。片頭痛特効薬のトリプタンは中学生以上では、これらの薬が無効のときに使われます。市販薬品は小児には勧められません。

　理由として、ほとんどが薬の成分以外にカフェインなどが加わった合剤であること、箱で買うため薬の乱用によって頭痛が悪化することに注意する必要があります。

片頭痛の予防

　生活習慣を見直すことや目を疲れさせないことは言うまでもなく大切です。治療薬は、効果が出るまで数カ月を要することが多いので、修学旅行や合宿のときも続けて使用できるよう学校側も理解しておくようにしたいものです。治療については、頭痛を専門とする医師のもとで、頭痛ダイアリーなどで評価しながら慎重にされるべきものです。

　最近では、後頭神経痛という後頭部の痛みを伴う頭痛「第3の頭痛」もわかってきており、「頭痛」の種類、症状、対処法も明らかになっています。最新の医学情報を、アンテナを張り巡らせて収集し、日常の執務に生かしていきたいと思います。保健室では生徒たちの訴える症状を丁寧に聞き取り、養護判断をしていきたいものです。（下表参照）

表「片頭痛と緊張型頭痛の特徴と相違点」

	片頭痛	緊張型頭痛
発作的な頭痛	ある	ない
持続時間	4〜72時間（年少児では1〜72時間）	30分〜7日間：絶え間なく続くことがある
部位	片側性 （年少児では両側の前頭・側頭部も可）	両側性
性質	拍動性	非拍動性：圧迫感または締めつけ感
強さ	中等度〜重度	軽度〜中等度
日常的動作による悪化	ある	ない
悪心・おう吐	ある	ない：食欲不振は起こりうる
光過敏・音過敏・臭過敏	ある	ない
家族歴	濃厚	希薄

参考：『知っておきたい学童・生徒の頭痛の知識』藤田光江著　一般社団法人日本頭痛協会

※上記事例とは異なりますが、頭痛の随伴症状で嘔吐をくり返す場合は、頭部外傷や片頭痛以外に長距離走やマラソン後に嘔吐がみられるケースは「脳内出血」が疑われる事例も含まれます。いずれにしても頭痛を伴う嘔吐症状は留意が必要です。

マラソン大会中に意識障害を起こした

全校マラソン大会中に児童が意識障害を起こした事例です。この事例を通して、緊急事態への危機感が薄いことが明らかになりました。その反省を生かし、次年度からの改善点や対策などを紹介します。

事例 マラソン終了後、意識障害を起こした（小学校）

事例	小学４年生　男子
発生状況	陸上競技場で全校児童のマラソン大会を実施していました。学年別、男女別にマラソン開始時間をずらしていました。本児は、陸上競技場のトラック内および外周を合わせた2.5キロを最後まで走りきった後、トラック内のゴール付近で待機していました。最終走者がゴールしてから、４年生全員がそろって観客席に戻ろうとしたところ、本児が寝転んだまま起き上がらないことに他児が気づき、担任に知らせました。そのため、本児がいつから意識障害を起こしていたのかは、はっきりとわからない状態でした。
経過・対応・結果	本部にいた他の教員が遠目にも異変に気づき、「倒れている子がいるみたい」との情報を聞いた養護教諭が現場に向かったところ、本児に意識障害が認められ、すぐに「救急車！」と声をかけましたが、うまく伝達されませんでした。 　安定した自発呼吸があり、脈拍も橈骨（とうこつ）動脈がしっかり触れていたので、担架を手配し、近くにいた他の教員と協力して担架で大会本部へ運びました。 　大会本部は競技場内のゴール付近に設置されていましたが、事故発生時、管理職が本部に不在でした。その後、駆けつけた管理職に、あらためて「意識がないので救急車を」と声をかけました。保護者への連絡は近くにいた教員がすぐに行いましたが、救急車を要請するまでには数分の時間がかかってしまいました。 　大会が進行されたため、教員が担当の持ち場に戻り、本児のそばには養護教諭1人の状態となりました。救急車を待つ間、意識は戻らないものの呼吸や脈拍などに変化はありませんでした。しかし、SpO$_2$モニターや血圧計を持参していなかったため、数値を記録に残すことができませんでした。 　その後、応援に来ていた母親の同伴のもと、近くの病院へ救急搬送し、本児は入院することなく帰宅することができました。意識障害の原因は、大会までの練習や本番で疲れがたまった（血液中に乳酸がたまりすぎた）ために起きた代謝異常によるものでした。
ヒヤリハットした原因	●緊急事態への危機感の薄さ ・ゴールした児童をゴール付近に待機させる際、疲れて寝転んでいる児童がいても、それを教員が黙認していたために傷病者の発見が遅れた可能性がありました。意識消失の原因が致死性不整脈であった場合には命に関わる危険性がありました。

※SpO^2：「oxygen（酸素）のsaturation（飽和度）をpercutaneous（経皮的）に測定する」という意味で、日本語では「経皮的動脈血酸素飽和度」。パルスオキシメーターで測定する。

<table>
<tr><td></td><td>

・緊急事態が起こっているにもかかわらず、大会が続行されました。緊急事態においては、救急隊につなぐまで複数の教員で対応に全力を注ぐ必要がありました。また、人手が必要なことを鑑みると、重ねて事故が起きてしまったときには対処できない危険性がありました。

●事前準備の不十分さ

・救急用品の準備物の中にSpO_2モニターや血圧計を準備していませんでした。時間の経過とともに明確なバイタルサインを記録に残しておく必要がありました。

</td></tr>
<tr><td>気づきや課題</td><td>

今回の事例を通して、学校全体として緊急事態への危機感が薄かったことを実感しました。全教員に緊急時への対応について周知徹底する必要性を感じました。

管理職は、緊急事態が起こった際にリーダー（司令塔）となる存在として、本部に常駐する必要がありました。

養護教諭が現場に駆け付けた際に、「救急車！」と声を上げたにもかかわらず、うまく伝達されなかったのは、依頼された相手が明確でなかったためではないかと反省しました。救急車要請を依頼するときには、「○○先生、救急車をお願いします」と、はっきりと名指しするべきだったと実感しました。また、うまく伝達されなかった他の要因として、「意識がないときには、すぐに救急車を呼ぶ」という認識が教員に周知されていなかったのかもしれません。緊急時に教員が迅速に適切な対応ができるよう、救急車を呼ぶ判断基準についても緊急時の連絡体制と合わせてくり返し周知する必要があると感じました。本児の意識レベルがJCS30〜200であり、わずかに反応があったことから、その状態がそもそも"意識がない"との認識がされていなかった教員がいたことも後からわかりました。

養護教諭に任せればよいという意識も感じました。今回の事例では、心肺蘇生が必要な状況にはなりませんでしたが、急性期には病態が急速に悪化する可能性もあります。救急隊につなぐまで、複数の目で観察し、いざというときには蘇生処置と観察、記録を同時に行えるように備えておく必要がありました。

養護教諭が現場に駆け付けてはじめて緊急事態だと知りましたが、はじめから担架やAEDを持っていく必要があったと反省しました。また、緊急事態には、周囲が緊急事態であることを認識できるよう瞬時に発信し、管理職との連携のもと周囲に協力要請する必要性がありました。

</td></tr>
<tr><td>今後の対策の視点</td><td>

●危機管理体制の構築

・緊急事態への危機感を持ち続けるために、緊急時の対応（連絡体制や役割分担、応急手当て、救急車を呼ぶ判断基準など）について、年度初めやプール学習前、マラソン大会前など行事前に、全教員にくり返し周知するようにしています。

・ゴール後の整列時、児童の異変をすぐに発見できるよう、学年の教員による児童の健康観察を行い、同時に児童は必ず座って待つよう徹底しています。

・この事例では、意識消失の原因が致死性不整脈ではありませんでしたが、万が一、競技場の外周を走っているときに致死性不整脈が起きた場合に備えて、大会本部以外に外周で見守りをする教員3人もそれぞれAEDや携帯電話を持つようにしています。

●保健室の事前準備

・マラソン大会時に持参する救急用品に漏れがないよう、準備物一覧表を作成しました。

・緊急時の観察ポイントを押さえた記録用紙を作成し、緊急時には漏れなく慌てることなく記録できるようにしました。

</td></tr>
</table>

意識障害を起こして救急搬送

　学校において児童生徒に突発的に発生した傷病に対して、直ちに医療を受けさせる必要があるのか、家庭に返して保護者の監督下に置く方がよいのか、保健室で経過を観察するのか、あるいは教室で学習を継続させることが可能なのか、これらの判断は養護教諭が初期に行う最も重要な判断です。初期対応では、正しい判断に基づいて適切な救急処置と教育的な保健指導が望まれます。

　緊急時は、学校から医療機関へ救急搬送を要するか否かを判断するのに「意識の有無」は大きな基準となります。本稿では、「意識障害」を起こして救急搬送を要した事例を通して学びを深めたいと思います。

事例　睡眠薬を大量服薬した(高校)

事例１	高校２年生　女子
発生状況	精神的な理由で頻回来室する生徒(高２女子)が、ある日の授業中に１人で来室しました。授業の途中に教室で少し吐いてしまったとのことで、教科担任から保健室へ行くように指示されたとのことでした。
経過・対応・結果	**1. 経過・対応について時系列で説明** ◆10:48　来室 　事情を聞き、「現在どのようにしんどいのか」問うと、吐き気が残っていることと少し頭痛があるという答えでした。様子がいつもと少し違って反応が鈍く、意味不明な発言も見られました。頭を打っていないか確認すると、打った記憶はないと答えました。意味不明な発言が気になりましたが、教室で嘔吐しているため、感染症のまん延予防、衛生面の観点から本人の監督を他の教員に任せ、養護教諭は教室へ向かいました。本人の机下の床に20センチ四方の吐瀉物があり、ほぼ水様性で固形物はありませんでした。トマトの皮のような赤い物が混じっていましたが血液ではありませんでした。消毒などの措置をして保健室へ戻り、引き続き本人と話をすると、様子がますますおかしくなっていることに気づきました。平常の呼びかけに必要以上に驚き、「保健室まで自転車で来た。北海道でラーメンを食べてきた」などと意味不明な発言がありました。普段からユニークな生徒でしたが、ここまで変なことは言わないのに、どうしたのかな、ふざけているのかな、と不思議に思っていたところ、「トイレに行く」と立ったときに、かなりふらつきスリッパを自力で履けない様子を見て、「これはおかしい」とようやく異変に気づき、バイタルサインを確認すると、血圧158/90、脈拍140。本人に何を飲んだのか問うと「睡眠薬」と答えました。 ◆11:25　管理職に報告 　管理職に報告し救急搬送が必要であることを伝え、担任教諭には、保護者に連絡し搬送先の医療機関へ向かってもらうようお願いしました。

◆11:32　119番要請

　救急車を要請し、救急車が到着するまでに、本人の意識レベルはどんどん低下していきました。何時に何をどのくらい飲んだのかを尋ねたところ、答えがあいまいでよくわかりませんでしたが、話をまとめると「学校へ来てからトイレで」ということで、本人のかばんを確認すると、空き箱が7箱出てきました。

◆11:40　救急車が到着

　救急隊員に事情を説明しました。救急車内で救急隊員により意識とバイタルサインの確認がされ「意識レベル3、瞳孔4、血圧160/87、脈拍145」でした。

◆12:08　病院で診察

　養護教諭が同行して総合病院へ搬送しER（救命救急室）にて診察を受けました。「医療行為は保護者の承諾が得られるまで行えない」と言われ、しばらく何もできない状態でしたが、携帯電話で保護者から承諾が得られたため治療が施されました。

　「服薬してから時間が経過しているため胃洗浄をしても意味がなく、解毒を待つしかない」とのことで、等張電解質輸液※の点滴を受けました。本人は目をつぶって黙っているかと思えば、時折開眼しては「廊下の電気がついているから消して」「早く着替えてプールに入る」など、意識がもうろうとしたままでした。

◆13:00　けいれん発作

　点滴中、保護者の到着を待ちながら養護教諭が付き添って待っていると、突然、両腕を天井に突き上げ、ガクガクと強直型の全身けいれん発作を起こしました。急いでドクターを呼び、まるでテレビドラマを見ているような緊張感の処置が行われ、養護教諭は外で待つようにとのことで、いったん退室しました。心電図の波形や脈拍などは確認できませんでしたが、意識はなく、呼吸も止まっていました。

2．結果

　その後、少し落ち着いてから本人に会えましたが、意識は戻っておらず無造作に手足を動かしている状態が続いていました（けいれん重積）。即効性の抗けいれん薬を投与しているにもかかわらず、発作の治りが悪く、大量服薬によるものなのか、その他の要因によるものなのかを探っていく検査が必要で、脳波異常による「てんかん」、脳の感染症「ヘルペス脳炎」、「髄膜炎」などが可能性として考えられるとのことでした。

　けいれんが治まり意識が戻るまでは目を離せないためそのまま入院することになりました。服薬した薬剤の解毒には36時間程度が見込まれ、数々の検査全ての結果が出るまでは少なくとも1週間を要するということでした。

ヒヤリハットした原因	頻回来室の生徒で、普段をよく知っているからこそ、いち早く異変に気づくべきでした。しかし、本人の対応に慣れているがゆえにいつもの延長ぐらいに軽く考えてしまい、バイタルサインも確認しないまま話を聞いてしまったことに大きな落とし穴がありました。 　来室してから救急搬送の判断までに約40分もかかっており、さらに搬送が遅れて、保健室で全身けいれんが起こっていたらと考えると恐ろしく感じます。
気づきや課題	頻回来室の生徒であることからいつもの延長で対応してしまったことが、判断を遅らせた原因であり反省すべき点です。そのときは、授業中で他の生徒の対応がなかったから、少し早く気づくことができました。しかし、休み時間のようにたくさんの生徒が来室する状況や、授業中であっても複数人の生徒に応じなければならない状況であったら見過ごしていたか

※電解質の浸透圧が体液とほぼ同じであるので、投与した輸液は細胞内へは移動せず、細胞外に分布して細胞外液量を増します。そのため「細胞外液補充液」とも呼ばれ、血管内や組織間に水分・電解質を補給できる輸液

もしれません。

　重篤な疾病も含め、いろいろな可能性を考慮してバイタルサインをきちんと測定し、さらにその他の情報を駆使して判断しなければいけないという当たり前のことにあらためて気づかされました。もっと早くに血圧と脈をとっていたら、もう少し早く判断できたと思います。

　また、本人を1人にさせなかったものの本人の監督を他教員に任せ、養護教諭が嘔吐物の処理に向かったことは、吐瀉物を自分の目で確認するためでありましたが、養護教諭は本人から離れず、処理を他教員に任せるべきでした。

今後の対策の視点	来室生徒には、軽症と思われても必ずバイタルサインの確認を行うこと、当該生徒から離れる必要があるときは他の教員と連携し、養護教諭は原則現場から離れないようにすることです。

事例　体育中に、棒が頭に当たった（頭蓋骨骨折の疑い）（高校）

事例2	高校1年生　男子
発生状況	体育の授業中、体育祭に向けての練習で「台風の目」の競技をしていました。頭の上を竹の棒が通過する際に本人（高1男子）のしゃがむタイミングが遅かったために、竹を持っていた生徒の一人が誤って手を滑らせ、竹の棒が本人の頭頂部に当たりました。
経過・対応・結果	**1.　経過・対応について時系列で説明** ◆14：33　来室 　受傷後すぐ、担当の体育教員と本人、友人がグラウンドから保健室まで歩いて来室。事情を体育教員から聞き、本人にも確認しましたが、本人の顔色は悪くなく「棒が落ちてきて最悪〜！このあたりが痛い！」など、いつも通りの会話ができていました。すぐに患部を冷やし、そろそろ授業終了のチャイムが鳴る時間でしたので、一緒に来室した友人に本人の着替えを持ってくるようにお願いしました。椅子に座り自分で冷やしながら来室カードに記入し、どのように負傷したのか、どのあたりが痛いのかなどの養護教諭からの質問にきちんと答えていました。 ◆14：40　意識消失 　友人が着替えを持ってきてくれたので、カーテンの奥の相談コーナーで着替えようと促したところ、歩き出すときに少しふらついたので、脇を抱えてソファに座らせると、そのまま横になってしまいました。急いでバイタルサインを確認すると、血圧114／88、脈拍98、SpO_2＝97％。運動直後でもないのに少し脈が早いのが気になりましたが意識もあり、このときは会話ができていました。 　ところが、意識が少しずつ遠のいていくのがわかり、あっという間に呼びかけにも返答しなくなりました。開眼はしているものの発語がなく、まばたきによる反応のみで、手の握り返しも非常に弱いものになりました。 ◆14：48　管理職に連絡 　脈拍が128まで上昇。救急搬送の必要があると判断し、管理職・担任に連絡しました。

	◆14:50　119番要請 ◆14:55　救急車到着 　救急隊員により頸椎を固定し安静を保ちながら救急車内に移動しました。判定は「意識レベル10（開眼するも発語なし）、痛み反応なし」でした。 ◆15:30　総合病院へ搬送 　この間も開眼はしていましたが、呼びかけ等には一切反応しない状態が続いていました。 ◆17:00　意識回復 　ようやく意識が戻りました。本人は、「何があったのかはっきり覚えていない」ということでした。 **2．結果** 　CTなどの検査により、意識障害の原因に頭蓋骨に小さな骨折があるかもしれないとの診断でした。画像上に明らかな骨折部が写っていたわけではないが、もしかしたらこの影がそうか？というレベルの小さな骨折の可能性があるとの説明でした。もしこの部分に出血があり、それが徐々に広がってくれば脳挫傷となり緊急手術が必要となるため、経過観察の入院が必要との指示がありました。 　翌日のCT検査で脳出血の可能性は低く、本人の意識も完全に戻り食欲もあり元気にしていたので退院となりました。その後も患部の痛みが続いていたため、痛みが軽快するまでは自宅療養させると保護者が判断され、最終的に3日間の自宅療養となりました。
ヒヤリハットした原因	竹が当たったと聞いていましたが、来室したときは本人も元気に話していたので、「野球のバットなら心配だけど竹なら大丈夫」という安易な判断で、患部の冷却だけで済まそうとしていました。異変に気づいたときもその先入観にとらわれ精神的ショックか？と考え、判断に迷いました。事故の発生時刻が体育の授業の最後の時間帯でしたので、もし本人の急変があと5分遅かったら、そのまま着替えさせて授業に行かせていたと考えると恐ろしいです。
気づきや課題	どんなに軽度の頭部打撲でも安易な判断はせず最悪のケースを想定しなければならないこと、また頭部打撲の負傷後数時間は観察が必要なことをあらためて実感しました。 　今回は来室時に体育教員が付き添っていましたが、この程度の打撲なら1人で来室させることの方が多いのが現状です。頭部打撲により意識が急変することがあること、絶対に1人にさせてはいけないことを周知徹底するためにも緊急体制のマニュアルにその文言を追加するなどの工夫が必要です。
今後の対策の視点	頭部打撲には事後の観察がより重要であることから、緊急体制のマニュアルに教職員の動きだけでなく、救急処置や観察のポイント等を追加しておくとよいと思います。 　「頭部外傷時のチェックシート」、「眼部打撲時のチェックシート」、「熱中症時のチェックシート」、「緊急搬送時の記録シート」などを作成し、緊急時には普段の来室カードではなく、専用の記録シートに記入することで的確な判断と正確な記録になると考えます。

<参考資料>養護教諭不在時にも見られるように、AED の箱に貼ったり、電話の近くに掲示したりしています。

<table>
<tr><td colspan="2">

バイタルサインとは

1　体温（Korper Temperature：KT. Body Temperature：BT）
2　脈拍（Heart Rate：HR）
3　呼吸（Respiratory Rate：RR）
4　血圧（Blood Pressure：BP）
5　意識

</td></tr>
</table>

頭痛の分類

1　頭蓋内疾患（脳炎、脳膜炎、くも膜下出血、脳腫瘍等）
2　中毒性（一酸化炭素、シンナー、その他薬物）
3　熱中症による頭痛
4　心因性頭痛
5　睡眠不足による頭痛
6　上気道炎（鼻炎、副鼻腔炎、咽頭炎、へんとう炎等）に伴う頭痛
7　眼疾患（屈折異常）に伴う頭痛

意識レベルの評価（3-3-9度方式（ジャパン・コーマ・スケール:JCS））

刺激で覚醒しない （3桁の意識障害）	3	痛み刺激にまったく反応しない	300
	2	少し手足を動かしたり、顔をしかめる	200
	1	はらいのける動作をする	100
刺激で覚醒する （2桁の意識障害）	3	痛み刺激を加えつつ呼びかけをくり返すとかろうじて開眼する	30
	2	大きな声または体を揺さぶることにより開眼する	20
	1	普通の呼びかけで容易に開眼する	10
覚醒している （1桁の意識障害）	3	自分の名前、生年月日が言えない	3
	2	見当識障害がある	2
	1	だいたい意識鮮明だが、いまひとつはっきりしない	1

意識障害の鑑別疾患（カーペンターの分類：aiueotips）

AIUEOTIPS	原因
A（alcohol） （acidosis）	急性アルコール中毒 アシドーシス（酸血症）
I（insulin）	低血糖、糖尿病性ケトアシドーシス、高血糖高浸透圧症候群
U（uremia）	尿毒症
E（encephalopathy） （endocrine） （electrolytes）	肝性脳症、高血圧性脳症 内分泌異常（甲状腺、副腎） 電解質異常（Na,K,Ca,Mg）
O（overdose） （oxygen）	薬物中毒 低酸素血症
T（trauma） （temperature） （tumor）	頭蓋骨内血腫、脳挫傷 低体温 脳腫瘍
I（infection）	髄膜炎、脳炎
P（psychiatric）	ヒステリー
S（stoke） （seizure） （shock）	脳卒中（くも膜下出血、脳出血、脳梗塞） けいれん、てんかん 循環不全（ショック）

資料ダウンロード可

ヒヤリハット体験を通して学んだこと

今回の事例は、どちらもいきなり意識障害を起こしたわけではなく、発生後経過をたどりながら徐々に意識障害を起こしていったケースです。はじめから意識が完全になかったら、誰もが迷わずに救急搬送を判断しますが、本事例のようにはじめは普段通りに話ができていたのに、少しずつ意識が低下していく場合があるので、絶対に生徒を1人にさせない、目を離さないことが鉄則です。また養護教諭は的確な判断をするために、バイタルサインを正しく測定し、関連する知識と視診、触診、打診などの専門的な技術を身につけておかなければならないと痛感しました。

今後の課題と改善策

1 緊急時の救急体制と養護教諭の役割

緊急時には、焦って情報が錯乱したり、周囲の生徒への配慮まで気が回らなかったりしがちです。事例1でも養護教諭が嘔吐物の処理に走ってしまったことが搬送までの時間が長引いた原因となりました。事故が発生したとき、養護教諭としてどう動くべきか、救急処置と同時に校内救急体制の一員として、司令塔になって他の教員に的確な具体的な指示を出すこと（管理職への報告係、救急車の誘導係、保護者への連絡係、周囲の生徒への指導係等）、保護者に事故の状況を正しく伝えるための情報収集と同時に記録をしっかりとることが最も重要な役割だと考えます。状況によっては、記録係を他の教員にお願いすることも必要です。

2 事後の教育的な保健指導と未然に防止するための評価

その事故がどのような状況において発生したかにもよりますが、本人および周りへの生徒への教育的な保健指導も養護教諭の重要な役割です。事例1については、なぜ大量服薬することに至ったのか本人の気持ちに寄り添いながら、精神科の専門医やスクールカウンセラーと連携して長期にわたり支援しました。事例2については、故意ではない不慮の事故とはいえ事前に防止することができなかったかを体育科の教員と話し合い、事故の再発防止のために体育祭の競技上のルールを変更しました。また、被害生徒の保護者への説明責任を果たす、入院中に受けることのできなかった授業を保障する配慮が必要でした。

3 日常の情報発信と保健指導

命に関わるような疾病や事故から生徒の命を守るために教職員全員が意識を高く保てるように情報発信をしていく工夫が必要です。教職員研修や定期・臨時の保健だよりの発行、日常のコミュニケーションを通して積極的に発信していきたいと思います。

また、生徒自身が自分の生活や体を大切にし、自らの健康課題に気づき行動できるよう、そして起こってしまった後も問題解決に向けて考え行動できるよう、日常の対応と保健指導を大切にしていきたいと思います。

AEDの使用事例

AEDが各学校に配置されて、久しくなりました。私が勤務していた学校には、1台は後年ですが、2台が設置されていました。1台は、地域からの要請にも対応ができるようにと玄関に、もう1台は、グラウンド横にある体育館の外壁サイドに設置されました。

機器の管理担当者は、事務の方に決まっていましたが、「機器は正常に動いているのか」と、ランプをチエックし、AEDを使用する手順

のイメージトレーニングを心がけてきました。このようなことは、校種を問わず、養護教諭の先生方は実践されておられることと思います。しかし、AEDを実際に使用する場面に遭遇されることは少ないのではないでしょうか。

今回、当該校の養護教諭が経験したAEDの使用事例が、学校保健安全を推進していく上で、参考になればと願い、以下に紹介いたします。

事例 短距離走の後、倒れた（発生原因は特定できず：中学時、陸上部所属）

事例	中学生
発生状況	体育の授業で、30メートル短距離走のタイムを測定していました。2本目の測定時に、本人はゴール後に座り込み、その後グラウンドに横たわり、小刻みに震えている様子が見受けられたようです。
経過・対応・結果	近くにいた担当教員が、本人に声をかけましたが、異変を感じ、保健室に連絡すると同時に、別の担当者に救急車の要請を依頼しました。 私は、保健室で生徒の健康相談をしていたところ、「生徒が倒れた！」とグラウンド側の窓越しに連絡を受け、室内の電波時計を確認して、グラウンドに駆けつけました。私は、本人の肩をたたき、声をかけ、頸部・橈骨（とうこつ）動脈の触診、聴診器による心音の聴診、顔色・口唇色や眼球の動きを観察しました。そのとき、死戦期呼吸を確認しました。 教員に救急車を依頼したところ、すでに要請したとのことを確認しました。持ってきてもらったAEDを装着し、電気ショックを行い、胸骨圧迫を開始しました。幸いにも消防署が学校の近くにあり、到着した救急隊により人工呼吸・胸骨圧迫・電気ショックがなされ、救急救命センターに収容されました。生徒が倒れたとされる時間から救急隊が到着するまでの約6分間のことでしたが、私には時間の流れが、ものすごく遅く感じられました。 その後、6〜8人ほど（10人以下か）でしょうか、警察官が来校され、担当者が状況を聞かれ、保健室にも警察官の訪室が3回ありました。消防署からも、「アンブーバッグの有無」などの質問電話があり、胸骨圧迫継続の有効性、キューマスクの活用、平素からの学校医の助言などを回答しました。 本人は、2日後に意識が回復し、何ら障害を残すこともなく退院することができました 約1カ月後、心臓病ではない基礎疾患（筋疾患）を考慮して、除細動器付き

	ペースメーカ（ICD）の植え込み術が実施されました。 　後日、災害給付金と障害見舞金が支給されました。（障害見舞金のICDの項を参照してください）その他に、学校医による研修会等を実施しました。
ヒヤリハットした 原因	死戦期呼吸の言葉は知っていましたが、実際には見たことがありませんでした。そのことが、最初に本人を見たとき、非常に危険な状況であるという直観を混乱させました。
今後の対策の視点	今回は、救命の連鎖の輪がうまく機能したと思います。しかし、最善を尽くしても不幸な結果となることは十分あり得ます。多様多岐にわたる危険因子を把握し、対策を講じ、「緊急時の対応は、まずはその場にいる教職員から」を念頭に、学校保健安全を総合的に推進していくことが最も大事であったと感じた事例でした。

● ヒヤリハット体験を通して学んだこと

　当該校の課程には、15〜70歳代までの生徒が在籍しています。初めて高校に入学した場合は、3年間で卒業ができますが、入学時や在学中の単位の取得状況から、1〜30年以上在籍するケースがあります。また、配慮した学習形態の課程であるため、多様な事情を要する生徒の比率が大きいという特徴があります。さらに、残念なことですが、健康診断の受診率が低く、健康調査票への記入が十分ではないと思われるケースも多く、前籍校からの健康診断票の送付がない・健康診断票は5年の保存期間が過ぎると廃棄されるので、もともとないケースもあり、健康状況の把握には難しい現状があります。

①定期健康診断の検討

　実施項目については、全日制と同様ですが、在籍期間が長い生徒のエックス線・心電図検査については、課題がありました。着任した当初は、新入生（年齢に関係なく、初めて高校に入学した生徒）を対象にしていましたが、エックス線・心電図検査の受検状況が明確でないケースが多くありました。そのため、新規入学生（新入・転入・編入・再入の形式で入学する生徒）を対象にすることにしました。その

後、心筋梗塞や大動脈解離等の事例があり、学校医と相談し、学校保健安全会議で議題に取り上げ、エックス線・心電図検査の在り方について提案しました。しかし、年度末であったことや管理職の異動もあって、進展しないまま新年度になりました。

　そこで、会議の結果を要望書として作成し、「エックス線・心電図検査については、在籍5年ごと周期に対象者とする」を、健康診断の実施主体である校長に提出しました。従来の対象者の未検率（未検者は翌年の対象者）が高いので、適応範囲を広げても費用の総額にはあまり変動はなかったのですが、発生する検査料の予算的なこともあるので、校長に教育委員会への報告をしていただき、変更に至りました。

　今回のケースでは、事故発生年の4月がちょうど対象年度に当たっており、エックス線・心電図検査については「異常なし」の結果が出ていました。本人には、基礎疾患がありましたが、運動制限不要と申告されており、事故は不幸なことではありましたが、教育を受けることへの健康確認はできていました。このことが大きなポイントであったと思われます。

②救急への知識の普及

　事例が発生する2年前、教育委員会から

「『AEDの使用方法を含む、救急蘇生法の指針2010（市民用）』について」という分厚い通知が来ていました。日々の業務の中で、両面刷りの1センチ近くもある厚い通知文を読み通すことは、なかなか至難なことです。何とか時間を作り、全文をまとめ直して職員会議で全職員に報告を行いました。緊急時に教職員の一人ひとりに課せられた役割であることを認識し、実際の行動指標を伝え基礎知識としていました。

　今回のことで、AEDを使用したBLS手順を、さらに改訂しました（次ページ参照）。その（資料1）の手順書は、毎年4月に保健部から配布する資料の1つとして、「不安なく、みんなで助けるために」を打ち出して、教職員への啓発促進に活用してきました。

　また、研修や通知文の他に新聞記事ではありますが、一般市民が救命行動した後の1カ月後の社会復帰状況（胸骨圧迫のみを実施した場合が一番高いという結果）や死戦期呼吸事例なども、学校医の来校日に医学的アドバイスを頂き、機会あるたびに職員会議で報告を重ねてきました。JRC蘇生ガイドライン2015では、胸骨圧迫の回数は100〜120回／分と上限を設定しているようですが、常に最新の情報を確認し、教職員へ周知をしていくことは重要と思います。

　今回の反省点としては、死戦期呼吸については文言知識のみであったことがあげられます。文言だけで、「こんな感じかな」と、処理してしまっていたことが悔やまれます。インターネットで動画が見られますので、ぜひとも一見されることをお勧めします。

③緊急時の重症者発生の記録用紙の作成や対応体制、救急かごの準備等

　重大事故であればあるほど、時系列の記録が求められます。また、日本スポーツ振興セン

ターの災害給付の申請資料としても必要となります。それらは、各校で自校に合った様式を作成されておられることでしょうが、本校でも準備をしていたので、参考に見ていただければと思います（資料2 参照）。本校は、配慮を要する生徒が多いことから、何度となく作成し直しました。ちょうど人体図を挿入することを考えていたところでした。緊急時に記録ができるのか、重要チェックポイントを外していないか、災害給付申請の書類作成に困らないか、事故報告書を作成するときに時系列に文章化できるのかなどを踏まえて、様式を考えられてはいかがでしょうか。

　AEDには心電図の経過が記録されますが、時間表示もされます。当日、救急隊は持参されたモニター付きのAEDに途中で付け替えられました。学校のAEDの処理については校長が対応し、後日に「時間表示付心電図の記録結果」を頂きました。それは、私の作成した報告書と整合していましたが、法的にも証拠になるものであると感じました。AEDのユニットの中にはキューマスクなどを備えました。

　高校の場合、保健部という組織があり、保健室には保健室当番の先生や常駐の先生方がおられますが、その先生が機敏に動けるように「役割分担・手順」を作成し、見える所に掲示したり、手元用を置いておくことも大事かと思います。さらに言えば、高校の校舎は高くて校庭は広いです。駆けつけたその場で、ある程度の処置ができるように、学校の実情に合わせた、緊急時に必要と思われる物品を入れた救急かごの準備や、担架・車椅子を要所要所に設置することも必要かと思います。できれば、各棟にエレベータの設置が望ましいのですが、ソフト面とハード面、短期的展望と長期的展望を持ちながら準備を整えていくことが大事だと実感しています。

（資料1）

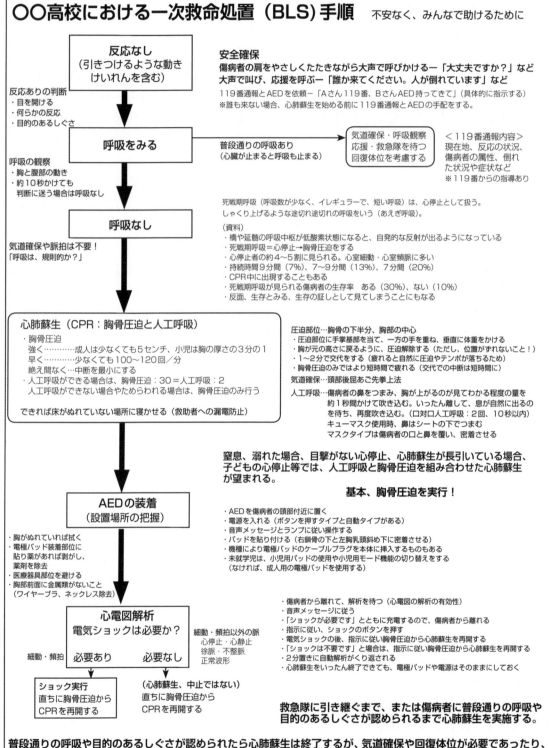

〇〇高校における一次救命処置（BLS）手順　不安なく、みんなで助けるために

反応なし
（引きつけるような動き
けいれんを含む）

反応ありの判断
・目を開ける
・何らかの反応
・目的のあるしぐさ

安全確保
傷病者の肩をやさしくたたきながら大声で呼びかける－「大丈夫ですか？」など
大声で叫び、応援を呼ぶ－「誰か来てください。人が倒れています」など
119番通報とAEDを依頼－「Aさん119番、BさんAED持ってきて」（具体的に指示する）
※誰も来ない場合、心肺蘇生を始める前に119番通報とAEDの手配をする。

呼吸をみる

呼吸の観察
・胸と腹部の動き
・約10秒かけても
　判断に迷う場合は呼吸なし

普段通りの呼吸あり
（心臓が止まると呼吸も止まる）

気道確保・呼吸観察
応援・救急隊を待つ
回復体位を考慮する

＜119番通報内容＞
現在地、反応の状況、
傷病者の属性、倒れ
た状況や症状など
※119番からの指導あり

呼吸なし

気道確保や脈拍は不要！
「呼吸は、規則的か？」

死戦期呼吸（呼吸数が少なく、イレギュラーで、短い呼吸）は、心停止として扱う。
しゃくり上げるような途切れ途切れの呼吸をいう（あえぎ呼吸）。

（資料）
・橋や延髄の呼吸中枢が低酸素状態になると、自発的な反射が出るようになっている
・死戦期呼吸＝心停止→胸骨圧迫をする
・心停止者の約4～5割に見られる。心室細動・心室頻脈に多い
・持続時間9分間（7%）、7～9分間（13%）、7分間（20%）
・CPR中に出現することもある
・死戦期呼吸が見られる傷病者の生存率　ある（30%）、ない（10%）
・反面、生存とみる、生存の証しとして見てしまうことにもなる

心肺蘇生（CPR：胸骨圧迫と人工呼吸）
・胸骨圧迫
　強く…………成人は少なくても5センチ、小児は胸の厚さの3分の1
　早く…………少なくても100～120回／分
　絶え間なく…中断を最小にする
・人工呼吸ができる場合は、胸骨圧迫：30＝人工呼吸：2
　人工呼吸ができない場合やためらわれる場合は、胸骨圧迫のみ行う

できれば床がぬれていない場所に寝かせる（救助者への漏電防止）

圧迫部位…胸骨の下半分、胸部の中心
・圧迫部位に手掌基部を当て、一方の手を重ね、垂直に体重をかける
・胸が元の高さに戻るように、圧迫解除する（ただし、位置がずれないこと！）
・1～2分で交代をする（疲れると自然に圧迫とテンポが落ちるため）
・胸骨圧迫のみではより短時間で疲れる（交代での中断は短時間に）
気道確保…頭部後屈あご先挙上法

人工呼吸…傷病者の鼻をつまみ、胸が上がるのが見てわかる程度の量を
　約1秒間かけて吹き込む。いったん離して、息が自然に出るの
　を待ち、再度吹き込む。（口対口人工呼吸：2回、10秒以内）
　キューマスク使用時、鼻はシートの下でつまむ
　マスクタイプは傷病者の口と鼻を覆い、密着させる

窒息、溺れた場合、目撃がない心停止、心肺蘇生が長引いている場合、
子どもの心停止等では、人工呼吸と胸骨圧迫を組み合わせた心肺蘇生
が望まれる。

基本、胸骨圧迫を実行！

AEDの装着
（設置場所の把握）

・胸がぬれていれば拭く
・電極パッド装着部位に
　貼り薬があれば剥がし、
　薬剤を除去
・医療器具部位を避ける
・胸部前面に金属類がないこと
　（ワイヤーブラ、ネックレス除去）

・AEDを傷病者の頭部付近に置く
・電源を入れる（ボタンを押すタイプと自動タイプがある）
・音声メッセージとランプに従い操作する
・パッドを貼り付ける（右鎖骨の下と左胸乳頭斜め下に密着させる）
・機種により電極パッドのケーブルプラグを本体に挿入するものもある
・未就学児は、小児用パッドの使用や小児用モード機能の切り替えをする
　（なければ、成人用の電極パッドを使用する）

心電図解析
電気ショックは必要か？

細動・頻拍以外の脈
心停止・心静止
徐脈・不整脈
正常波形

細動・頻拍	
必要あり	必要なし

・傷病者から離れて、解析を待つ（心電図の解析の有効性）
・音声メッセージに従う
・「ショックが必要です」とともに充電するので、傷病者から離れる
・指示に従い、ショックのボタンを押す
・電気ショックの後、指示に従い胸骨圧迫から心肺蘇生を再開する
・「ショックは不要です」と場合は、指示に従い胸骨圧迫から心肺蘇生を再開する
・2分置きに自動解析がくり返される
・心肺蘇生をいったん終了できても、電極パッドや電源はそのままにしておく

ショック実行
直ちに胸骨圧迫から
CPRを再開する

（心肺蘇生、中止ではない）
直ちに胸骨圧迫から
CPRを再開する

**救急隊に引き継ぐまで、または傷病者に普段通りの呼吸や
目的のあるしぐさが認められるまで心肺蘇生を実施する。**

普段通りの呼吸や目的のあるしぐさが認められたら心肺蘇生は終了するが、気道確保や回復体位が必要であったり、
反応を見ていて普段通りの呼吸が見られなくなった場合は、直ちに心肺蘇生を再開する。

通報－AED－胸骨圧迫！

資料ダウンロード可

今後の課題と改善策

「この生徒の命が、私の手の中にある」という重圧は、想像以上のものでした。意識が回復するまでは、心ここにあらずで、また後日になんら障害はないと連絡を受けても、生きて活動している本人を見るまでは、「心からの安心」ができませんでした。今回は、救命の連鎖の輪がうまく機能しましたが、学校の当日の状況、地域や医療の現状等によっても大きく変わってくると思います。本校はたまたま近くに消防署がありましたが、署員の方から「救急車が出払っていたら、遠くから駆けつけなければならない」と言われました。救急車を要請してから到着するまでの所用時間は全国平均8.3分ということですが、それまでは、救命処置の学校の分担として、体制を整えて対応していかねばなりません。つまり、教職員全員が、他の生徒の保安も考えた分担・分業を行い、時間ごとに変わっていく学校業務の中で、臨機応変に構築していかねばならないということです。しかも、救命は救命処置だけではなく、日々の学校保健安全を総合的に推進していくことで成り立っています。

養護教諭は、学校保健安全を担う実務担当者として、各種の研修に参加するとか、自他校の先生方との交流を図るとか、ネットワークを広げ、研さんを積むことで、自校の健康課題が見えてくるのではないかと思います。

生徒救急状況記録用紙

発生日　　年　　月　　日

事象の状況	学年　　　　組	学籍番号	氏名　　　　　（男・女） 　　　　　　　　才
	教科名・クラブ名等	受診機関名	救急車要請時間　： 救急車到着時間　： 救急車出発時間　：
	天気（　　　　）　気温（　　　　℃）　湿度（　　　　%）　その他（　　　　）		
最初の身体状況	意識（　　　）　呼吸（　　　）　体温（　　　）　脈（　　　） 四肢（　　　）　けいれん（　　　）　嘔気（　　　）　嘔吐（　　　） 疼痛（　　　）　瞳孔（　　　）　皮膚（　　　）　その他（　　　） けがの部位（右・左　　頭部　上肢　下肢　躯幹　首　顔面　眼球　歯）		
本人の主訴、病状、反応など			
経過 （日時）			
管理職への報告など			

突然死を起こす可能性がある心疾患

突然死を起こしやすい心臓疾患がある生徒が入学してくるにあたり、入学前からの情報収集や学校体制づくり、3年間、安心かつ安全な学校生活が送ることができるよう、学校全体で取り組んだ事例について紹介します。

事例 ## 失神発作を伴うQT延長症候群の生徒が入学予定（高校）

事例	高校1年生　女子
発生状況	3月、次年度入学予定者の出身中学校から「失神発作を伴うQT延長症候群」の女子が入学予定であるという連絡がきました。 【病態・指導区分】 QT延長症候群　D～E禁（脈拍130を超えない） 　内服（テノーミン25・毎朝1回） 　小学校6年時、突然意識喪失、救急車搬送にて診断 　避けること…脈拍130を超える運動、無酸素運動 　家族歴：姉（1歳上）も同診断（中学校1年時、水泳中に突然意識喪失仮死状態にて診断され内服中）、叔父（母方）同診断にて内服中

| 経過・対応・結果 | 【情報収集と連携】
入学式までに、中学校訪問、保護者・本人面談、主治医連携を行いました。年度最初の職員会議で要配慮生徒として状況報告をしました。入学後、校内関係者会議を開催し、学校生活管理指導表を基にして具体的な学校生活の枠組み作りを行いました。
【校内関係者会議】開催：毎年度4月最初
本人・保護者と管理職・学年部(学年部長・担任)・保健体育科・保健部(保健部長・養護教諭)
【学校生活管理内容】 |

		体育実技			学校行事
		1学期	2学期	3学期	
	1年	●集団行動（走って移動は不可・基点で参加） ●スポーツテスト（50m走・シャトルラン不可） ●ハードル（歩きハードルで参加）	●ヒップホップダンス（柔軟体操のみ） ●卓球（ゲーム形式：ダブルスは運動量増加、接触プレーとなるため不可）	●持久走（不可、ウオーキング）	●球技大会（接触プレーが少ないバレーボール） ●体育祭（玉入れ） ●スキー研修旅行※
	2年	●集団行動（走って移動は不可・基点で参加） ●スポーツテスト（50m走・シャトルラン不可） ●テニス（ボレー・1本打ち・サーブ練習）	●マット ●バレーボール ●ヒップホップダンス（創作のみ・実技なし）	●持久走（不可、ウオーキング）	●球技大会（接触プレーが少ないバレーボール） ●体育祭（見学）
	3年	●集団行動（走って移動は不可・基点で参加） ●スポーツテスト（50m走・シャトルラン不可）	【前期】 ●ソフトボール（審判参加）	【後期】 ●テニス（ゲーム形式：後衛は運動量増加のため不可）	●球技大会（接触プレーが少ないバレーボール） ●体育祭（見学）

	※スキー研修旅行での主治医との確認事項 ①脈拍130を超えない（内服薬にて脈拍の上昇を止めているので、酸素が身体に送られず、激しい運動は実質できない）　＊競わさない。 ②息を止める動きは不可（無酸素運動） ③緊急時対応：意識がなくなる → 仰臥位 → 救急車　＊教員の目が行き届くこと 　学校対応：本人のスキー講習班にインストラクターと教員の増員：講習班（生徒10とインストラクター1） 　　　　　　と本人・インストラクター1・教員1
気づきや課題	「脈拍130を超えない運動強度」が、どの程度の動きになるのか。多くの教員が集まり検討しました。脈拍数は、本人の運動能力や体力、体調によって変化します。具体的には、保健体育科教員を中心に、学校管理指導表を基に本人の運動能力や体力、現在の高校生の運動技量を考慮に入れ、本人に尋ねながら決めていきました。たとえば、体育実技において、卓球のゲームでは、シングルスとダブルスでは、運動量が違います。シングルスは自分の技量と体力で決まりますが、ダブルスになると組んだペアの技量や体力の影響を受けます。ここではシングルスのみ参加可としました。初心者が中心となるテニスのゲームにおいては、ラリーが続きにくく後衛は球を拾いにいくことが多く、前衛のみの参加としました。基礎練習のボレーを1本打ち、サーブ練習は皆と一緒に参加しました。集団行動では、その集団の基点となる位置で参加、基点となる位置の人はほとんど動くことはありません。ダンスにおいては、実際に本人の脈拍数の変化を測定しました。 　球技大会においては、3年間、接触プレーが少ないバレーボールに参加しました。 　宿泊研修（スキー研修旅行）においては、体育実技と同様に安全で適切な運動量をどのようにするかと、緊急時対応ができる体制づくりがポイントになりました。本人専用のインストラクターと緊急時すぐに対応できるように教員を加配することにしました。最初は本人だけの個別指導体制を作りましたが、一人で皆と同じ時間講習を受けることでかえって運動量が多くなるので、10人の講習班に本人と加配のインストラクターと教員が入ることにより運動量を減らしました。 　このように、学校生活管理指導表だけでは決められない具体的な動きを、実際の高校生の体力や技量がよくわかる保健体育科教員の助言や、研修旅行担当教員による宿泊研修時の緊急時対応ができる体制づくりなど、学校体制で作り上げていきました。これは、毎年校内関係者会議を年度当初や研修旅行前に開催し、本人と保護者も同席の上で、管理職を含めた学校関係者と打ち合わせを行い、決定内容を確認していきました。その際、養護教諭は、主治医との連携を基に医療的見地から具体的な学校生活活動に展開できるように専門的立場としての助言を求められました。 　そして、3年間、薬物治療の効果もあり、失神発作は起きることなく、卒業していきました。 　この事例を通して、運動強度を考える上でのポイントを学ぶことができました。 　緊急時、教職員誰もがAEDを使った一次救命処置ができるように、教職員の研修が欠かせないことを実感しています。

ヒヤリハット体験を通して学んだこと

　緊急時対応を必要とする生徒に対して、学校生活管理指導表を基にした、その生徒にとっての実際の学校生活の枠組みづくりを、生徒・保護者・学校・主治医との共通理解のもとで作らねばなりません。そして、それぞれの疾病や治療の特徴を把握し、緊急時の対応体制を学校全体で共通認識しておく必要があります。また、緊急時対応の教職員研修も必要であると実感

しました。

本人同席のもとで校内関係者会議を開いたことは、生徒自身の疾病理解を助け、生徒自身で行動規制ができることにつながったと思います。高校生という年代を考えたとき、自分で自分の疾病について理解し、治療も含めた生活全般を自己管理できる能力と態度を身に付けるためには、本人への健康教育の場（機会）が管理とともに重要であると感じました。

＜参考資料＞

1. 突然死予防のために

突然死を予防するために、学校関係者は以下の項目に注意することが必要である。

①心疾患児の診断、指導区分、許容される身体活動の内容について学校生活管理指導表を参照して個々の児童生徒ごとにチェックし、学校関係者に周知させる。

②教科体育は学校生活管理指導表に沿ったものとする。

③教科体育以外の学校行事への参加は、指導区分と運動強度の定義によって判断する。ただし、場合によっては参加の可否を学校医あるいは主治医に相談する。

④日常健康観察を十分に行い、学校と保護者との連携を密にして体調の変化を把握する。

疲労状態、顔色、発熱などの身体異常、本人の気分の良しあし、食欲、睡眠などの変化に注意する。

2. 心肺停止時の対応

安全管理委員会を組織し、学校での安全対策を策定し、機会あるごとに反復訓練を実施する、もしくはBLS（Basic Life Support、一次救命処置）の講習を受けることが望ましい。

突然死を起こす可能性がある疾患

先天性心疾患	心筋疾患	冠動脈疾患	不整脈	その他
・手術をした先天性疾患：大血管転位症やファロー四徴症などで心不全があるもの、不整脈があるもの ・複雑心奇形 ・大動脈弁狭窄症	・心筋症（肥大型、拡張型、拘束型など） ・心筋炎	・川崎病後冠動脈瘤、冠動脈狭窄、冠動脈閉鎖 ・冠動脈低形成 ・冠動脈起始異常	・多形成心室期外収縮 ・R on T型心室期外収縮 ・心室頻拍 ・洞結節機能不全 ・3度房室ブロック ・高度房室ブロック ・QT延長症候群 ・カテコラミン誘発多形性心室頻拍 ・ブルガタ症候群 ・一部のWPW症候群	・原発性肺高血圧症 ・アイゼンメンジャー症候群 ・マルファン症候群

基礎疾患を認めない不整脈の管理基準（2013年改訂）　QT延長症候群

条件	管理区分	観察期間
1.症状またはTdP・心室頻拍のある場合、怠薬すると症状が出現しやすくなることを十分説明する。専門医に紹介する。 ①薬物治療にて症状を予防できている場合 ②薬物治療後も症状がある場合	 DまたはE禁、水泳禁 CまたはD、水泳禁	 必要に応じて 必要に応じて
2.症状のない場合 ①安静時のQTc延長が軽度で、家族歴がなく、運動負荷でQTcが延長しない場合 ②安静時のQTc延長が著明な場合 ③症状またはTdP・心室頻拍の家族歴がある場合 ④運動負荷でQTcが延長する場合	 E禁またはE可、水泳は監視下 E禁、水泳禁 D、E禁またはE可、水泳禁 DまたはE禁、水泳禁	 6カ月～1年 必要に応じて 必要に応じて 必要に応じて

出典：学校心臓検診の実際 スクリーニングから管理まで-平成24年度改訂版- 公益財団法人日本学校保健会

心疾患の生徒の 意識消失事例

本稿は、全世界でも1000例くらいしか報告のない慢性心疾患の生徒が、体育の授業中に心室頻拍を起こし意識消失を来した事例です。この事例を通して、主治医や保護者との連携の大切さと運動強度の自己管理の難しさについて学んだことを報告します。

事例 **心疾患のある生徒がランニング中に意識消失した（高校）**

事例	高校生　男子
発生状況	5時間目の体育の授業開始直後、体育館にて他の生徒と一緒にウオーミングアップのランニング中に突然意識がなくなり倒れました。顔色などに変化はみられず、すぐに意識が戻りましたが、主治医から指示された90回/分以下の脈拍を上回り130回/分を超えていました。動揺した様子がうかがわれ、涙を流し問い掛けにうなずいたり、首を振ったりするだけで返答ができない様子でした。
経過・対応・結果	主治医の指示に基づいて作成したマニュアルに従い、大騒ぎせず、安静が保てるように、心配して取り囲むクラスメートを授業に戻しました。脈拍が90回/分以下に下がり安定したことを確認し、担架で体育館の教員準備室のソファへ移動しました。そばにいた担任には、保護者に"状況を説明し、主治医に連絡し病院受診の方法を聞いてもらう"ように連絡を依頼しました。主治医から、すぐに意識が戻ったのであれば、明日受診するようにとの指示があり、保護者の迎えを待ちました。次の日の診察の結果に変化はなく、身長が伸びたことにより服薬量が不足していたとのことで、内服薬の量が増えました。
ヒヤリハットした原因	**危機感が薄かった**：小学校低学年のときに運動をしていて意識消失を起こし、心疾患と診断されて以降、失神や動悸などの症状がなく、中学校では運動部で活動していたので、突然死を起こす致死的不整脈の一つであることを知っていながら危機感が薄かったことが最大の原因だと思います。 　**さまざまな要因が重なった**：本時は中間試験後の久しぶりの体育の授業であり、体を動かすことが大好きな本生徒はとても楽しみにしていたこと、家庭内に時間を要する問題が起こり、精神的にストレスを感じていたことなど、決められた強度以上の運動をしてしまいがちな要因が重なっていたことも誘因として考えられます。
気づきや課題	本生徒が抱える慢性心疾患の突然死リスクの大きさを実感しました。あらためて心疾患や学校における心臓突然死について基礎から学び直し、それに沿って突然死予防のための管理・指導や緊急時の対応を見直す必要があると思いました。 　本生徒の学習の様子や定期考査の得点、理解力や意欲の偏りなどから、学習指導上に配慮の必要性を感じていました。運動強度の自己管理にも工夫が必要であると思いました。

今後の対策と視点	**緊急時の対応の見直し**：今回の対応を保護者や主治医と共にふり返り、不十分な事項や改善が必要な事項について協議する必要があります。 **行事計画立案時の配慮事項と行事時の緊急体制の見直し**：安全に行事に参加できるように行事計画を立案し、主治医と相談しながら参加の形態を考える必要があります。行事における緊急時の対応も失神が起きた場合を想定し具体的に見直す必要があります。 **運動強度の自己管理の支援**：ハートレートモニターを使用した自己管理の徹底と本生徒の特性を踏まえた上での自己管理の工夫について考える必要があります。 **教職員全員への情報共有と緊急時対応の周知徹底**：今回の経緯と失神が起こった原因、その対応などを教職員全員に報告し、見直しを行った緊急時の対応について周知することをくり返し、危機感を持ち続ける必要があります。

ヒヤリハット体験を通して学んだこと

　今回の事例を通して、緊急事態はいつ起こるかわからないこと、それに備えて主治医や保護者との連携を密にしておくことが大切であること、そして運動強度の自己管理の難しさと個に応じた指導や支援を行うことの大切さを学びました。

1．疾患の理解

　今後の対応策を考えるにあたり、本生徒の疾患に関する理解を深める必要があります。

(1) 心臓突然死：大半は心室細動によって起こるといわれています。心室期外収縮が3つ以上続けて出現する心室頻拍が5秒以上続くと脳への血流が途絶え意識を失います。心室頻拍は容易に心室細動につながります。意識のない状態が続くと数分で死に至ります。注意すべき症状として一時的に意識を失う失神があり、心臓が原因で起こる失神は突然死の前ぶれの場合もあります。

　心臓突然死の発生数と発生率は、年間12〜30件、約0.1〜0.17／10万で、学校内で起こる心停止の97%が目撃されています。84%がグラウンド、プール、体育館で運動に関連して起こっています。

(2) ハイリスク生徒の把握と緊急時の備え：

心臓突然死のリスクを有する生徒の把握には、心臓検診の徹底が欠かせず、とくに心電図が有用です。川崎病や冠動脈奇形、カテコラミン誘発性多形性心室頻拍など、心電図に異常を認めないハイリスク例（非経過観察例）の心停止は大部分が運動時に起こる特徴があります。運動時の胸痛、動悸、めまい、失神には注意し、体調管理に加えて必要に応じて医療機関を受診することを検討します。

　ハイリスク生徒が在籍するときは、あらかじめ緊急時に備えて下記の3事項について準備します。

・教職員に、病気と急変時の対処法を周知する。

・疾患、既往歴、服薬内容、禁忌薬、主治医、保護者などの情報を準備する。

・生活制限（運動制限等）について主治医、校医、保護者と連絡を密にする。

　突然倒れた、反応（意識）が10秒以内に戻らない、いつもの呼吸をしていないときは心停止を疑います。

(3) カテコラミン誘発性多形性心室頻拍：本生徒は、カテコラミン誘発性多形性心室頻拍という、小児や若者に突然死を来す極めて予後の悪い不整脈疾患です。器質的心疾患やQT延長を伴わず、運動や情動の変化、ある

いはカテコラミン投与で、二方向性あるいは多形性に心室頻拍が誘発され、心室細動に移行し失神、突然死を起こす致死的不整脈のひとつです。小児期から青年期の間に失神や心停止で発症するものが多く、平均発症年齢は7～10歳です。心臓細胞内の筋小胞体からカルシウムイオンが漏れ出て、これに交感神経刺激が加わることで、さらに細胞内のカルシウムイオンが増加して不整脈が起こると考えられています。突然死の予防には薬物治療に加えて厳重な運動制限が行われます。めまい、一過性視覚障害、顔面蒼白、筋緊張低下、安静時徐脈などの症状に注意する必要があります。

２．緊急体制の見直し

本生徒が入学するに当たって、安全に学校生活を送るために保護者・主治医と話し合い、生徒の意見を聞きながら、体育の参加方法、クラブ活動、宿泊行事の参加方法、緊急時の対応について、具体的に決めていきました。その内容は学校医に報告しアドバイスを得ていました。

決まった緊急時の対応は、本生徒の疾患の説明と合わせて職員会議で報告し、フローチャートにした物をラミネートして、体育館の教員準備室・学年職員室・事務室・保健室・職員室に置きました。救命救急法の職員研修でも再度、確認を行っていました。

今回の事例発生時、養護教諭が駆けつけたときには、フローチャートが生徒のそばに置かれており、それに従って授業担当者が対応していました。

事前に何回も生徒、保護者、主治医、学校医と話し合い、具体的な準備をして、それを教職員全員で共有していたことが、スムーズな対応につながったと思います。

本生徒の緊急時の対応は、刺激が心室頻拍を誘発することから、大騒ぎしないことが重要です。またAEDの装着も刺激になるので、意識があるときはAEDを装着しません。このように緊急時の対応は、個に応じて具体的であることが大切だと思いました。

今回の対応をふり返り、反省すべき事項は何か、改善すべき事項は何かなどをあらためて学び直した事項を踏まえて検討することにしました。

(1) 消防署との連携：今回の事例を報告し、本生徒の病気の資料、現在使用しているフローチャートを見ながら、改善すべき点がないか意見を聞きました。①救急車を要請するときは、AEDを装着しているかどうか伝える、②同時に掛かり付けの医療機関に連絡するなどの助言を得て、フローチャートに書き加えることにしました。

(2) 保護者、主治医との連携：保護者、主治医と緊急時の対応について改善すべき点はないか話し合いました。また、消防署の助言で改善したフローチャートについても意見をもらいました。①緊急時の連絡先に祖父を加えること、②病院連絡より救急車の要請を優先することを確認しました。

失神のあった次の日の検査の結果は、その前の検査の結果と変わりなく運動負荷による不整脈は常に起こっており、これからも厳密な脈拍管理を行いながら運動しなければなりません。

教職員全員が常に緊張感を持っていられるように支援委員会などで毎回、関わりがなくても情報共有することにしました。

また、保護者と相談していた学校生活で感じている学習指導上の配慮の必要性について主治医に伝え、どの機関に相談すればよいか話し合いました。主な相談機関は教育センターとし、そこで検査や支援方策のアドバイスを得ながら、脳波検査などの医学的な検査が必要

○年○組○番　○○　○○

緊急時の対応

事態（頻脈）の発生
〈胸がどきどきする・
脈拍90以上〉

→ 発見者　　※大騒ぎしない
①生徒から目を離さず、一人にしない
②助けを呼び、複数で対応する

呼吸・意識・心拍の確認

あり

①協力者は、保健室・担任室・管理職に連絡
②AEDを準備

なし

安静を保つ

※安静にできる場所で静か
に休憩させる

注意！
意識があるときはAEDを装
着しないこと
不整脈が誘発されます

AED・心肺蘇生
119番通報(救急車)

※救急車の要請
「心臓病の生徒が倒れました。救急車をお願いし
ます。○○高校です。」
「住所は　○○○○○○○　○－○○－○○
電話番号は　○○－○○○○－○○○○
正門までお願いします」
★AEDを装着しているかどうかも伝えてください。

連絡の流れ
救急車の要請と同時に、○○○○○○医療センターへ連絡

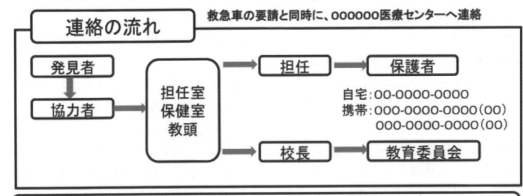

発見者 → 担任室 保健室 教頭 → 担任 → 保護者
協力者

自宅：○○－○○○○－○○○○
携帯：○○○－○○○○－○○○○（○○）
　　　○○○－○○○○－○○○○（○○）

→ 校長 → 教育委員会

主治医：○○○○○○○○○○医療センター・○○○○○○科　　○○○○○○○Dr
○○－○○○○－○○○○○(代表)

資料ダウンロード可

になった場合は、主治医の病院で行うなど、多機関と連携して本生徒の発達や認知の特性に合わせて指導を行っていくことになりました。

(3) 行事参加時の注意事項：校外行事や宿泊行事など学校を離れて行う行事について、下見を行う前の計画のときから主治医と相談し、下見で確認しておくべきことも話し合うことになりました。

今後の改善策

1. 自己管理への支援

(1) 生活上の制限の理解：後日、本生徒は、教育センターでWISC-Ⅳを受けました。

結果は、"各指標内の下位検査で課題によって解釈の難しいバラツキがある。モチベーションや意欲（できないと決めて諦めるなど）が影響している可能性あり。全体に小学校3・4年相当。就学前のものもある。自分の視点からしか物事を見ることができず、客観視したり推測したりすることが難しい。一般化や抽象化、概念化が難しい"というものでした。

指導は、小学校3・4年の課題を手がかりに、できそうだと思える課題や興味・関心に関連付けた課題を設定し、苦手なことでも取り組めるようにする、モチベーションが維持できるように課題は少しずつ提示する、でした。

この結果を、ピアジェ（スイスの発達心理学者）の思考発達段階に照らし合わせてみると、自分の視点からしか物事を見ることができず客観視したり推測したりすることが難しいこと、一般化や抽象化、概念化が難しいことなどから、前操作段階にあるのではないかと推測されます。生活上の制限の理解を促すために、どのような説明の仕方がよいのか考えていく必要があります。

自分の理解について分析して、何がわかっていて、何をわかっていないかについて考えら

れるのは、メタ認知に質的変化が起きる10歳ごろだといわれています。「わかりましたか」と質問しても、自分が何を理解し何を理解していないのかわかっていないと答えられません。同様に「質問はありますか」と質問しても、自分が何を知っていて、何を知らないのかを把握していないと答えられません。理解の確認の仕方にも工夫が必要です。

検査の結果からだけで決め付けることはできませんので、放課後の居場所事業として行っている個別学習支援の場での取り組みの様子を見ながら指導の仕方を考えています。

(2) 運動時の自己管理支援：運動時は、ハートレートモニターを使用して脈拍の自己管理を行っています。失神時も装着しており、失神時に脈拍が130回／分以上に上昇していたこと、その後90回／分以下で安定したことなどを、モニターですぐに確認することができました。

今後も運動時は確実にハートレートモニターを装着することを、本生徒の認知発達に合わせてくり返し説明し、実行できているか確認する必要があります。そこで、体育の授業における指導教員数を増員することにしました。

2. 精神的な安定

今回の事例は、運動強度が守れない複数の要因が重なって起こったものだと考えます。ストレスコーピングなどの指導も必要です。本生徒は体を動かす遊びを好み、少しの階段でも駆け下りるなど活動的です。帰宅後は中学校からの友人と公園でスポーツをして遊ぶことが好きです。体育の授業中、運動強度を守っていると、みんなのペースから遅れることが悔しくて涙を流すことがあります。運動強度を守ることは、相当なストレスになっていると思われます。

放課後の居場所事業では、個別の課題に取り組むだけでなく、みんなでゲームをしたり、

指導員と話をしたりするなど、人間関係づくりの場としての取り組みも行っています。指導員と好きなスポーツチームの話ができることは、よい気分転換になっています。

今後の課題

今回の事例からさまざまな改善を行いましたが、自己管理への支援に課題が残ります。

(1) **自己肯定感・自尊感情の育成**：望ましい意思決定と行動選択には、正しい知識・自分自身を大切に思うなどの価値観・心の状態・人間関係が関係するといわれています。

人と比べて得られる自己肯定感ではなく、自分は自分として大切に思える共感的自己肯定感を培う必要があります。そのためには、成功体験・称賛される経験を積み重ねる工夫が必要になります。教師の声掛けも自己肯定感につながるような声掛けを意識して増やしていく必要があります。また、セルフコンパッションの育成も有効だと思われます。

(2) **メタ認知能力の育成**：メタ認知は、問題解決や課題達成を自分自身の力で行うために必要な計画立案や方策の設定、セルフコントロールやセルフモニタリングに不可欠な要素で

あり、セルフモニタリングは、適切な行動の選択に欠かせない力です。WISC-Ⅳの結果からメタ認知の弱さがうかがえるので、質的な変化を促すような働きかけが必要です。

(3) **人間関係**：本生徒は人間関係づくりに時間を要します。ゆっくり時間をかけて親しい関係になり、親しい関係になれば安定した関係が築けます。その良さを生かして支え合える人間関係を築けるように、一緒に活動する場面を設定するなどし、友だち関係の変化を保護者と情報共有しながら見守っていきたいと思います。

これからもリスクと隣り合わせの生活が続きます。緊張感を持ちながら、安全に成長・発達を促せるような支援を多機関と連携し模索し、生徒と話し合いながら実践していきたいと思います。

＜参考文献＞
・学校における突然死予防必携－改正版－　独立行政法人日本スポーツ振興センター　平成23年2月
・心臓突然死の予防と予防方法のガイドライン（2010版）2009年合同研究班
・学校での心臓突然死ゼロを目指して　日本循環器学会AED検討委員会　2015年9月
・インクルーシブ教育システム構築における慢性疾患のある児童生徒の教育的ニーズと合理的配慮及び基礎的環境整備に関する研究　独立行政法人国立特別支援教育総合研究所　平成28年3月

脳動脈の奇形による脳内出血

本稿の養護教諭が中学校の保健室に勤務してはや四半世紀をはるかに超えました。時代とともに子どもたちを取り巻く環境は大きく変わっても、保健室への来室者は年々増加しています。しかも、緊張性を問われることもしばしばあります。

ここでは、養護教諭が出会ったその1例を紹介したいと思います。脳内の緊急手術により、幸い一命を取り留めた事例です。

事例 ランニング後に気分が悪くなり、動けなくなった（中学校）

事例	中学2年生　女子
発生状況	2時間目の体育（陸上）の授業の終盤、グラウンド2周のランニングを終えた後に、体育教師に「気分が悪い」と訴えました。そして、仲の良い友人に付き添われ保健室に来ました。来室するやいなや「吐きそう」と訴えたので、保健室隣のトイレに養護教諭の付き添いを尋ねると「大丈夫、ひとりで行ける」と言うので、友人に付き添われトイレに入りました。トイレに入ったまま、動けなくなりました。
経過・対応・結果	次の授業のベルが鳴り、トイレから出て来ない友人を心配した友だちが、保健室に連絡に来ました。すぐにトイレへ向かい、トイレに入ったままの彼女に声をかけました。「大丈夫ですか」という問いに、弱々しくかすかな声で「はい」と応答がありました。ドアが閉まっていたので、開けてもらうように声をかけると、ドアのカギを開けてくれました。便器を抱え、真っ青な顔でぐったりとしていました。 すぐに他の教職員の応援を依頼し、保健室のベッドに運びました。バイタルサインを確認している最中に、みるみる意識は混濁し、瞳孔の散大もみられたので脳障害を疑い、救急車を依頼しました。幸い救急病院が近くにあり、すぐに医師に診てもらうことができました。医師に診てもらっている間にも容体が急変し、搬送先の病院から緊急手術の可能な脳外科病院へ医師の付き添いのもとに搬送されました。 学校側から頻繁に家庭連絡を行いましたが、親との連絡がなかなか取れませんでした。母親に連絡がついたのは、緊急手術をする直前でした。 病院では、手術医より「脳の血管に先天的な奇形があり、破れて出血したもの」「いつ、どこで起こるかわからない脳の出血」と説明されました。また、「今回学校で起きたことは、学校生活でのことが起因して生じたことではなく、たまたま学校で起きたことです」と保護者に説明されました。 幸い手術によって、一命を取り留めることができ、ほっとしています。後遺症も足の歩行に障害が残りましたが、3年生時には、高校への入学も果たすことができました。

ヒヤリハットした原因	「気分が悪く吐きそう」といった場合、自力で歩いて行けるときには、生徒自身にトイレへ行かせることがあります。トイレの後、チャイムと同時に教室に戻ったりすることもあります。養護教諭として、状態を必ず確認するためにも、保健室に戻ってくるように指示して、回復したか否かの確認をする必要があると感じました。ひとりだけでトイレに行かせたのはよいが、友だちの付き添いもなく、このまま放置していたらどうなったかを思うと「ヒヤっ」としました。 　また、体育の後のことで、気分が悪く「吐きそう」と訴えがあった場合、走ることに慣れていない生徒が急に頑張ってランニングした場合や睡眠不足などで気分が悪くなることがあります。症状や訴えを見落としなく観察して聞くこと、忙しさを理由に軽はずみな観察を決してしてはならないと感じました。
気づきや課題	・教科担任は、不在の生徒の所在を確認すること。見当たらない生徒について万が一の危機を考えて、職員室と連絡を取り、所在を確認すること。 ・体調の悪い生徒をひとりにはさせないこと。必ず付き添いをつけること。 ・保護者の緊急連絡先の把握を徹底すること。 　緊急に手術を必要とした今回の事例では、連絡が取れずに手術の遅れが予想されましたので、かろうじて回避できました。 ・救急要請は、迅速に行うこと。 　救急車への同乗には、管理職も可能な限り同乗すべきだと思いました。
今後の対策の視点	・保護者の緊急連絡先の把握を徹底しておくこと。学校としての重要な判断が生じることがあります。緊急連絡の変更や電話不携帯など生じている場合も考えられ、変更等の届出や複数の連絡先を確保する必要があります。 ・担任（教科担任）による健康観察を徹底すること。体調の変化に気づく観察力や適切な処置対応ができるように、日頃から訓練をしておくことが必要です。

　上記の症例から、学校危機管理の状況分析を、徳山美智子氏の「3つの観点シート」を用いて整理をすると、下記のようになります。

観点	実態・問題	問題解決の方法・対策	教職員の役割
発生前 （何が問題 だったか）	・出席確認はしていても健康観察ができていなかったこと。 ・「気分が悪い」と訴えた生徒に対して、教科担任は、すぐに保健室へ促していること。	・健康観察を丁寧に実施すること。発生の内容いかんによらず、万全を期しての対応を教職員全員が取れるようにしておくこと。	＜管理職＞ ・管理者の所在、連絡のできる状態を明示しておく。 ＜教職員＞ ・出席の確認と所在の確認を徹底すること。 ・救急時の救急体制を理解しておく。 ＜養護教諭＞ ・要観察・要注意生徒の把握と教職員との情報の共有を密に行う。 ・救急体制など危機管理の体制を含めた研修の実施

発生時 (何が起こっ て、何をし たか)	・体育の後、気分不良を訴えた。教科担任は、気分不良を訴えた生徒が、動けなることなど予想できなかった。 ・友人が付き添った。 ・トイレのドアを閉めたままうずくまり、ぐったりしていた。	・発生時の状況確認 ・保健室に来室した生徒の入室から退室までの健康チェックとその対応 ・協力者の要請（運搬） ・全身状況の観察 ・応急処置、記録 ・救急車要請と同乗 ・家庭連絡(他教員へ依頼) ・友人へのねぎらいと他の生徒への動揺への配慮	<管理職> 救急車要請 小学校：兄妹関係へ連絡 教育委員会への連絡 <教職員> ・担任を中心に家庭連絡を行う。 ・運搬、付添、連絡 <養護教諭> ・応急処置、全身の観察 ・付添 ・保護者のケア
発生後 (今後はどう すればよい か)	・歩行障害と言語障害が残った。 ・入院したことにより学習の遅れがでた。	・転倒や転落の予防。校内巡視を行い、転倒しそうな箇所を点検し、管理職へ伝える。（修繕や改善を行う） ・障害をもった生徒に対して、友人関係が円滑にいくように見守る。 ・学習の遅れに対しては担当学年において対策を立て、担任と連絡を取りながら、不登校にならないように学校生活を支え、勇気づける。	<管理職> ・迅速な救急車の要請 ・環境整備：洋式トイレ、段差、階段、滑りやすい箇所の点検。手すりの設置 <教職員> ・学習の補助サポート ・障害教育 ・救急時の訓練 <養護教諭> ・救急体制の強化 ・温かい励ましや声かけにより見守る。

＊脳動静脈奇形（フリー百科事典『ウィキペディア（Wikipedia）』より引用、一部抜粋
　「脳動静脈奇形は、脳の血管が動脈と静脈の異常吻合を生じている先天性疾患。動脈と静脈との異常吻合部にはナイダス
　nidusと呼ばれる異常血管塊が認められる。」　症状：「ナイダスが破れると、クモ膜下出血や脳内出血を引き起こす。」

ヒヤリハット事例を通して学んだこと

　学校では、健康な子どもたちを中心に学習活動がくり広げられます。しかし、突然に起こった上記のような事例は、予測不可能なことでした。この事例から、さまざまな事柄を想定した健康観察の大切さや応急処置、生徒の訴えを軽視してはいけないことをあらためて学びました。また、予測不可能だからこそ死の危険からどうしたら生徒を守れるかということを常に職務の基本に置くことを学びました。

　医師より「脳動脈の奇形による脳内出血」と伝えられ、「その原因は脳動脈の奇形によって血管が破れ、脳内出血を起こしたものです。また、破れたことは、学校での生活が原因ではなく、いつ起こるかわからない血管状態で

した」と説明がありました。このことは、体育後であったため、体育の授業のあり方や指導の責任の有無が問われる状況にありました。医師から保護者と共に説明がなされたので、裁判や訴訟問題へと発展することはありませんでした。診断いかんによっては、死に至る場合や重篤な障害が残る可能性がありました。

今後の改善策

この事例から1次予防として、何ができたのでしょうか。病気やけがの応急処置を行う場合、症状や訴えを丁寧にくみ取り、対策を立てる際に現象面だけにとらわれず、最悪の場合を想定した対応をしていくことだと思います。日常の健康観察の重視、子どもたちの所在の確認（見当たらない生徒がいた場合）、体調が悪い生徒がいた場合は決して一人にはせず、連絡体制を整えて、早期に対応できるようにしておくことが大切です。

2次予防としては、他の教員と連携の必要性

を痛感しました。校内電話や携帯等で連絡の取れる体制を整えておきます。そのためには緊急時の連絡体制や役割分担を決めておく研修は必修です。マニュアルは、教職員が誰でもいつでも対応できるように目につきやすい所、職員室の電話の所に掲示しておきます。そうすれば救急車の手配も慌てずに対応できます。生徒の緊急連絡先の変更があれば、すぐに共有しておくことも忘れてはいけないことです。

3次予防としては、新しい情報の共有や緊急時の研修を定期的に行う必要があります。

1つの事例をもとに働いている組織の問題が浮かび上がってきました。組織がばらばらにならず、組織的に取組ができるように教職員間の関係性をよりよいものにしていくことが、大きな事故防止や危機対応ができるものと考えます。管理職や教員、事務職員や用務員といった全教職員集団の関係性を高めることで危機管理意識も変わると思います。

中心性頸椎損傷

　跳び箱の練習中にけがをした直後、児童の意識は鮮明で、運動まひや知覚鈍麻も見られませんでした。両上肢や上腕の変形・腫脹も認められなかったのですが、非常に強い痛みを訴え、泣き続けていました。緊急時、限られた情報の中でも、それらを適切にアセスメントして対応することは重要です。また、緊急時における保護者対応についても、多くの反省や課題が残ったため、以下に紹介します。

事例　跳び箱の練習中に、顔からマットに転落した（小学校）

事例	小学4年生　女子
発生状況	体育の授業中、体育館で跳び箱の練習をしていました。高さは3段でした。その日のAさんは、その高さを跳べたり、跳べなかったりしていました。最後の跳躍ということもあり、Aさんは勢いよく助走しました。その際、手を跳び箱の奥についてしまい、顔からマットに落ちてしまいました。現場にいたのは、体育教員1人でした。
経過・対応・結果	**1. 経過・対応について時系列で説明** ◆10:15　けがの発生 　体育教員は、内線電話で職員室に応援要請をしました。けがの報告を受け、数人の教員がすぐに体育館へ駆けつけました。このとき、職員室から保健室への連絡はありませんでした（※本校では、体育館と保健室は、直接内線電話でつながっていません）。同時に、体育を見学していた児童2人が、保健室へ駆け込んできました。「Aさんが…Aさんが…」と、ややパニックになっている児童たちに、「Aさんはいま泣いている？動いている？」と尋ねました。2人は、「跳び箱から落ちて泣いている」と返事をしました。 ◆10:20　養護教諭が体育館へ駆けつける 　車いすと簡単な外科セットを持って、すぐに体育館へ向かいました。Aさんは、マット上にうつぶせになり、大声で泣き叫んでいました。マット上には、20センチほどの出血痕があり、教員2人が、ティッシュで口腔内の止血を行っていました。体育教員に発生状況を聞き取り、頭部打撲の有無を確認しました。「頭は打ってないです」という返答がありました。 　Aさんに声をかけ、バイタルサインチェックをしながら、全身状態の確認を行いました。声かけに反応し、意識レベルは正常でした。脈拍は120/分で、脈圧もしっかりありました。痛みの場所を尋ねましたが、あまりに強すぎるためか、返答することさえできませんでした。その後、頭部外傷・手指の知覚鈍麻の有無、手足が動くことを確認した後、車いすで保健室へ移動しました。 ◆10:25　保健室へ移動 　痛みの原因も部位も特定できませんでしたが、まず処置をしようと車いすで保健室に移動しました。他の管理職や担任も保健室へ駆けつけました。痛みが強い様子で、終始大声で泣き続けていました。痛みの原因が、矯正器具に

よる傷かもしれないと考え、車いすのまま口腔内洗浄を行いました。右下3から出血は認めましたが、開口もスムーズで、ひどい裂傷や腫れは見られませんでした。ただし、口腔内出血は続いていたため、引き続き圧迫止血を継続しました。

　数分後、少し落ち着き、泣きやむ時間もできたため、あらためてバイタルチェックと全身状態の確認を行いました。やはり意識は鮮明で、頭痛や嘔気、嘔吐、めまい、手足のしびれもありませんでした。したがって、頭部の強い衝撃は考えにくいと判断しました。血圧測定のため腕を触ったとき、ようやく両肩に痛みがあることがわかりました。

　上腕・上肢、あるいは鎖骨の骨折を疑い、症状を確認しましたが、両肩の左右差もなく、手先のしびれや変形・腫れも見られず、上肢の回内・回外も可能でした。けがの部位や痛みの原因が不明でしたが、骨折の可能性を疑い、両上腕を三角巾で固定して、病院搬送しようと思いました。そして、三角巾で固定しようとしたとき、再び「痛い！痛い！」と泣き叫び始めました。ここで、これは救急搬送が必要だと判断し、管理職へ救急車を、担任教諭へ保護者連絡を依頼しました。そこへ、現場にいた体育教員が保健室へ来室したため、「けがの状況をできるだけ詳しく書いてください」と依頼をしました。Ａさんは、両上肢の安静を保持しながら救急車の到着を待つことにしました。

◆10:32　救急車の要請
　管理職から119番、担任から母へ連絡を入れました。しかし母の携帯にはつながらず、自宅も不在でした。10：35、父の携帯につながり、担任から受傷状況について伝えました。

◆10：48　救急車到着と病院搬送
　救急車が到着しました。養護教諭から救急隊員へ、体育教員が書いた受傷状況のメモを読み、その後の経過を伝えました。Ａさんは、ストレッチャーに乗り、頸部カラーが装着され、養護・担任教諭とともに救急車へ移乗しました。車内でバイタルチェックをしましたが、マンシェットを巻くと、非常に強い痛みを生じたため、ここでも血圧と体温を測定することができませんでした。このときのモニターは、脈拍120/分、SpO_2 99％とありました。痛みがあるときとないときの差が激しく、泣きやみ会話をできることもあれば、車内が振動で動くたびに「痛い！痛い！」と大声で泣き叫ぶこともありました。

◆10：57、父から連絡が入り救急搬送先を伝えました。母からは、10：59、学校へ連絡が入ったため、経緯を伝えました。

◆11：05　病院到着と診察
　救急外来到着後、問診や診察が始まり、養護教諭と担任教諭は診察室の外で待つことになりました。11：18、医師から保護者へ連絡をしましたが、つながりませんでした。エックス線撮影から戻り、一通り診察が終了した11：42、父が病院に到着しました。医師から父へ、以下のような説明が行われていました。「整形の先生にもエックス線写真を見てもらいましたが、骨折や脱臼はなかったです。あごの骨折もありませんでした。過呼吸気味ではありました。明日、病状が続くようなら、整形外科を再受診してください。動歯はなかったですが、矯正もしているので、歯科も受診してください。紹介状はどうしましょうか。料金はかかります」。説明後、父は「紹介状はいいです」と、断っていました。

　診察や検査が終了し、処置室で母を待つことになりました。その間、表情は落ち着き、ときどき痛みはあるものの、泣き叫ぶことはなく、暑いと言って座ったり、父としゃべったり、医師とじゃんけんをしたりしていました。とくに治療もなく、いったいあの痛みは何だったのだろうか、という疑問が残りました。

◆12：10　母から父へ連絡が入った

　母は13時ごろに、病院に到着予定とのことでした。会計を残すだけだったため、父の勧めもあり、母とは面会せず、養護教諭と担任教諭は学校へ戻りました。

◆翌朝9時ごろ　母から1回目の電話
　昨日の病院受診の状況について、父に聞いてもよくわからないので、CTなどの検査をしたのか教えてほしいという内容でした。養護教諭から昨日の経過について説明をして、CT検査はしていないことも伝えました。そして、Aさんのその後の様子をうかがうと、母の髪の毛が触れただけでも痛いと叫び、痛み止めも全然効いていないので、トイレにも行けず、食事もとれていない状況であることが判明しました。そのため、昨日、救急外来の医師から、症状が続くようなら整形外科を、また歯についてもかかりつけ医（矯正歯科）を受診してくださいと、父へ説明されていたことを伝え、再受診を促しました。その後、病院の紹介や日本スポーツ振興センターの書類について説明を行い、電話を終了しました。

2.　結果
　発生の翌日12時過ぎに、母から2回目の電話が入りました。自宅近医の整形外科を受診した結果、頸椎損傷の疑いがあるため、あらためてMRI装置のある病院を受診するという内容でした。MRI検査の結果、中心性頸椎損傷（※下記参照）であることがわかり、そのまま入院となりました。

中心性頸椎損傷の原因
　ラグビーやフットボールなど、コンタクトスポーツだけでなく、水泳の飛び込みや柔道、落馬による頸椎の過屈曲・過伸展で起こります。交通事故（追突事故）で、むち打ち損傷の初期にも見られます。
中心性頸椎損傷の症状
　手のしびれ、何も触れられないほどの痛み、自発痛が出現します。脊髄損傷では、足から運動神経がまひしますが、中心性頸椎損傷は、手の感覚障害が主です。

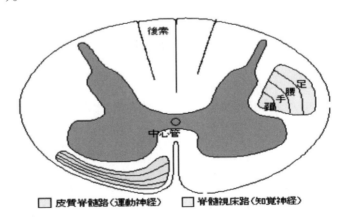

　脊髄は脳からの電気信号を末梢組織に伝える役割を果たします。横断面で見ると、中心に近づくほど上肢に分布する神経の線維が通っているため、中心部が衝撃によって障害を受ける中心性頸椎損傷では上肢に強く症状が出ます。

ヒヤリハットした原因1	今回の緊急時対応では、ヒヤリハットしたことは2点ありました。 　1点目は、緊急時の連絡方法です。本校でも緊急時マニュアルを作成し、緊急事象が発生したときは、それに沿って対応します。実際、Aさんがけがをしたとき、現場にいた体育教員は、すぐに職員室へ応援要請をしました。同時に養護教諭を呼ぶため、見学児童2人を、すぐに保健室へ向かわせました。現場にいち早く駆けつけることを考えると、大きな間違いではないと思われます。とはいえ、保健室にやって来た児童たちは、とても混乱していたため、きちんとした情報を伝えることはできていませんでした。つまり、児童からの口頭伝達では、受傷した児童の状況を正確に把握することは困難だといえます。この場合、まず体育教員は、受傷児童の情報を職員室に伝え、次に職員室から保健室に連絡する方法がよかったのではないかと考えます。 　2点目は、頭部外傷の捉え方が間違っていたことです。現場に到着し、体育教員から情報収集を行いながら全身状態を確認したとき、頭部外傷や脊髄損傷はないだろうと判断し、頸部に視点を向けることができていませんでした。その結果、頸部の安静に留意せず、Aさんを車いすに乗せ、保健室に運び処置を行ってしまいました。あらためてふり返ると、このけがは、誤って跳び箱の奥に手をついてしまい、顔からマットに落ちていることから、顎や頸部に強い衝撃があったのではないか、と推測する必要があったといえます。もっと詳しく受傷状況を確認し、冷静にアセスメントすれば、頸部外傷を受けた疑いがあると判断できたと思います。
気づきや課題	事例を通し、緊急事態に対して準備の大切さを痛感しました。どんな状況でも、冷静に判断し対応するためには、シミュレーションなどの訓練が不可欠です。そのために、校内や校外での研修を重ねて、教員一人一人がスキルアップを図り、意識改革を行っていくことが必要だと思いました。今回の反省や学びを生かし、見直しを積み重ねていくことが、子どもたちの安全につながっていくと考えます。 　次に、物品について。これまで簡単な外科セットはありましたが、緊急時対応には十分ではありませんでした。緊急度に合わせて手首式血圧計やサチュレーション、緊急用記録用紙、止血セット、手動式吸引など備えていれば、より万全だと感じました。そして、緊急時、すぐに対処方法が確認できるよう、ハンドブック（日本スポーツ振興センターが発行している、スポーツ事故防止ハンドブック）などを携帯しておくべきだったと反省が残りました。
今後の対策の視点	中心性頸椎損傷の知識がなかったため、病態や対処方法を調べ、今回の問題点を明確にしました。記録をふり返ると、Aさんの痛みは、両上腕と両肩のみに限局したものであったことがわかりました。つまり、この疾患特有の「上肢の強い痛み」が顕著に現れていました。したがって、骨折を疑い、両上腕を三角巾で固定した処置は、本当に痛みで苦痛を伴ったと思います。 　このケースの応急処置は、その場を動かさずに頸部の安静を保ち、速やかに救急車を要請することが適切だったと考えます。また、緊急時対応セットについても見直しを行い、以下の物品を追加して今後に備えました。 【手首式血圧計・頸部カラー・人工マスク・手動式吸引器・緊急時マニュアル・症状別フローチャート〔ハンドブック〕・緊急時記録用紙など】
ヒヤリハットした原因2	今回の、保護者対応でヒヤリハットしたことは、2点ありました。 　1点目は、保護者への細かな配慮不足です。とくに母との関わり方については、もっと配慮すべきだったと反省する点です。あれほどの痛みがあったにも

	かかわらず、救急外来では、とくに処置はなく打撲の診断でした。医師から父に対して説明もあったので、異常がなくてよかったと安易に自己判断してしまいました。しかし、救急車を呼ぶほどのけがであったことに間違いありません。受傷当日、医師からも説明を受けていない母に対して、現場を見ていた教員からも、しっかりと丁寧に説明をすべきだったと思います。 　翌日もお見舞いの連絡をする予定でしたが、母からの問い合わせの電話が先になってしまったり、最初のお見舞いのとき、アポイントメントをとらなかったりしたことも、大きなミスでした。緊急時は、児童が最優先ですが、同様に保護者に対しても、より丁寧な対応が必要だと感じました。 　2点目は、教員間の情報交換や保護者対策の不足です。毎回、母から話を聞くたびに、担任教諭・体育教員・管理職それぞれに報告をして、今後の対応などを話し合っていました。しかし、しっかりチーム体制を整え、協議して対策を立てることが必要だったと思います。
気づきや課題	学校と保護者間でトラブルが生じて、いつ・どこで・だれが・どうした、といった内容をふり返るとき、記録が重要な役割を果たします。これは緊急時にかかわらず保健室対応でも同様です。そのため、本校保健室では、些細なことでも常に記録に残すことを心がけています。今回も記録が大いに役立ちました。 　母から「救急隊員へちゃんと伝えてくれましたか?」「ちゃんと伝えたか、病院に確認してもいいですか?」と何度も聞かれました。体育教員に書いてもらった、けがの発生状況のメモも、経過記録用紙も残っていたため「確認していただいて大丈夫です」と、明確に返事をすることができました。また、記録に残した母との会話は、プロセスレコードにもなるため、分析にも役立ちました。今回の事例は、記録の重要性を再認識する機会となりました。
今後の対策の視点	今回、母の対応は、養護教諭が担うことになったため、日々の気持ちの変化や、訴えたい内容について、正確に把握することができました。当初は、怒りの感情が強かったのですが、電話や面会で話を重ねていくうちに、主旨が、納得のいかないことに対して、ちゃんと学校から返事が欲しいという内容であることがわかりました。このことからも、養護教諭の役割とは、どこかで線引きされるものではないことを学びました。今回のように、教員間と母の橋渡し役であったり、保護者側に立つ役割もあったりすることを学びました。 　この経験を通して、今後も、保護者対応のポイントについての学習を深め、誠意をもって丁寧な対応を心がけていこうと思います。

ヒヤリハット体験を通して学んだこと

　本事例の反省や課題を生かして、詳細なヒヤリハット報告書を作成し、教職員や他校の養護教諭に周知を図りました。また、養護教諭部会において、定期的なヒヤリハット報告会の開催を提案しました。これからも、文献や雑誌、研修やヒヤリハット報告会から知識や技術の向上に努めて、どんなケースに遭遇した場合でも適切に対応できるようにしていきたいです。

　さらに、今回のヒヤリハット体験における保護者との関わりを通して、他者の怒りを受け止めるには、たくさんのエネルギーを使うことに気づきました。だからこそ、一人で抱え込まず、みんなで話し合う場を設けて、それぞれが役割分担を果たし、"チーム学校"として解決していくことが必要だと感じました。

今後の改善策と課題

事例発生後、教職員間で共通理解した様子を一部紹介します。

ヒヤリハットとは、重大な災害や事故には至らないものの直結してもおかしくない一歩手前の事例の発見をいいます。再発を防止するためには、ヒヤリハット経験の情報を収集し、原因を分析して対策を立てることが重要です。

ヒヤリハットについて、これまでは口頭での情報共有を行い、ヒヤリハット報告書の作成はしていませんでした。しかし、再発防止につなげていくためには、原因の分析や対策まで考えた「ヒヤリハット報告書」※を作成し、定期的な報告会を開催して、周知を図ることが必要だと考えました。そこでまず、日本スポーツ振興センターの様式を参考にヒヤリハット報告書を作成しました。

次に、今回の事例をヒヤリハット報告書にまとめて、他校の養護教諭に報告を行いました。加えて定期的な「ヒヤリハット報告会」の開催についても提案をしました。先生方の了承も得たため、後日あらためて「ヒヤリハット報告会」を実施することになりました。当日は、各校1〜2件ずつ、ヒヤリハット事例を持ち寄り、報告を行いました。そこでは、記入者の事例分析や対策の報告だけでなく、経験豊富な先生のアドバイスがあったり、類似事例の紹介があったり、看護師経験のある先生の意見を聞くことができました。このことからも、一人の経験をみんなで共有することで、よりよい対策を見いだすことができたといえます。

今回、経験者から直接話を聞くことができる「ヒヤリハット報告会」の大切さをあらためて感じることができました。文献や雑誌と違い、直接質問ができ、当時の緊張感なども、とても伝わってきました。ぜひ今後も継続して、ヒヤリハット事例の軽減や再発の防止につなげていきたいと思います。

資料ダウンロード可

ヒヤリハット報告書

学校名				記入者		
児童	年 男子 ・ 女子	日時	年 月 日 (曜日)	午前・午後 時 分		
活動		場所		天気		
診断名		全治	( ) 週間 ・( )ヶ月間 ・( )			

災害発生の状況 (いつ、どこで、何をどのようにして、どうなったか具体的に記入)	(例)体育の授業中に、体育館で跳箱をしていたところ、踏み切りに失敗し、跳箱にぶつかり転倒して、右足首を捻挫した。
応急措置・医療機関への移送など学校のとった措置状況	(例)すぐに、保健室に運び、受傷部分を確認し、冷やすとともに骨折も疑われたため、保護者に連絡し病院に運んだ。
・反省 ・予防の方策 ・改善点	(例)・学校全体で救急体制の見直しを行った。 ・緊急時スムーズに対応できるように事例と同じ想定のシミュレーションを行った。

第5章

その他

起立性調節障害の適切な対応

本稿では、高校生が起立性調節障害を発症した事例について、「ヒヤリハット体験」をふり返り、見直してきた点や改善策について検討してきた内容を紹介します。

事例 頭痛や腹痛で頻繁に来室していた（高校）

事例 1	高校2年生　女子
発生状況	平成26年9月に初めて来室。頭痛、腹痛があり、本人から夏休み明けで生活リズムが崩れていたとの訴えがあり、体温測定、脈拍測定をしましたが異常がなく、1時間経過観察をした後、教室に返しました。 保健室来室状況 平成26年　（授業時間利用） 平成27年

平成26年　（授業時間利用）

9月	10月	11月	12月
1	7早退1	0	2

平成27年

1月	2月	3月	4月	5月	6月	7月	9月
2	1	0	2欠席2	1	4早退1	5	6

経過・対応・結果	長い経過のなかで、保健室に時々来る月もあれば、頻繁に来る月もあり、保健室来室の理由は日によって違うというものでした。来室理由は、前日に入眠する時間が遅かった、クラスの人間関係がこじれた、生理痛が強いときなど、本人の訴えや内科用保健室来室者記録の内容から判断できると考えていました。しかし生理痛や頭痛が強く続くことから、産婦人科の受診を勧めました。その結果、とくに大きな原因はなく、根本的な理由についてはわかりませんでした。 　その後、掛かり付けの小児科に受診し検査を受けた結果、「起立性調節障害」と診断されました。早い段階で発症していた可能性もあり、来室時のバイタルサイン測定を安易に怠っていなければ早期受診へとつなげることができたのではないかと思われます。
気づきや課題	本事例に対応するまでは、保健室に来室した直後の様子、本人の訴え、反応、保健室来室者記録への記入内容から、この生徒はたとえば生理による随伴症状を発症しているのではないかと判断してしまう傾向がありました。症状の原因を予測するのはよいが、複数の可能性を視野に入れ、まずはバイタルサイン測定を欠かさないこと、測定値の経過観察を徹底していなかったことが反省点としてあげられます。この症状だったら、この生徒だったらという安易な予測があったと思われます。また頭痛、腹痛、生理痛と症状が一つだけのときもあれば複数存在するときもあり、来室ごとに症状が違うことが多いため細かな症状の変化について記録を取るべきでした。

	本事例において、保健室来室が増えてくるのは、プライベートでの習い事、模擬試験が近い、行事が重なるなど、心因的な要素が強いと考えやすい状況がありましたが、柔軟に生徒の状態を考察する力が必要だと感じました。
今後の対策の視点	保健室来室をした時点で、バイタルサイン測定をするかしないかを安易に判断しないことが重要だと思います。頻回来室になっていると判断した時点で、個人用のカルテ(記録)を作っていくことも対応策としては必要になってくると思います。

ヒヤリハット体験を通して学んだこと

本事例の生徒以外にも、起立性調節障害の生徒はいましたが、症状はほとんど出現することはありませんでした。本校は全校生徒120人ほどの小規模校ですが、中高一貫校ということもあり発達段階に応じた関わりが必要になってきます。小学～中学生の発達段階で比較的発症しやすい起立性調節障害を正しく理解しておくことが、起立性調節障害の生徒と対応する際の基本であり、対応に迷うときに役立てられると思います。

《起立性調節障害の正しい理解と適切な対処》

起立性調節障害は、立ち上がると脳血流の低下、低血圧、頻脈などの症状が現れます。思春期に起こりやすく、午前中に症状が強く、午後から回復することが多い、自律神経系の病気です。精神的なストレスで悪化するともいわれています。

起立性調節障害の分類をご紹介します。

①**立ちくらみ、あるいはめまいを起こしやすい**

②**立ち上がったときや立っているとき、気持ちが悪くなる、失神する**

③**少し動くと心臓がドキドキする、あるいは息切れがする**

④**朝なかなか起きられず、午前中調子が悪い**

⑤**入浴時、あるいは嫌なことを見聞きすると気分が悪くなる**

⑥**食欲がない**

⑦**頭痛がある**

⑧**顔色が悪い**

⑨**おなかが痛い**

⑩**乗り物に酔いやすい**

⑪**体がだるい、疲れやすい**

上記の症状のうち3つ以上当てはまり、新起立試験を行うと、以下に示す4つのサブタイプに分類されます。医師から確定的な診断がされた際には、本人の状態を確認するうえで、どのサブタイプかを把握しておくことが重要です。

1.起立直後性低血圧タイプ

→立ち上がったとき、血圧の低下が大きく、血圧の回復が遅れる

2.体位性頻脈症候群タイプ

→立っているときに、血圧の低下はないが著しい心拍数の増加が起こる

3.神経調節性失神タイプ

→立っているときに、突然血圧が低下し意識が低下したり失神(脳貧血)を起こしたりする

4.遷延性起立性低血圧タイプ

→立ち上がってしばらくしてから血圧が著しく低下し、動悸や気分不良などを引き起こす

どのタイプに属しているかについては、病院で行われる新起立試験のもとで判別され、判別されたタイプによって、対応の仕方や関わりが変わってくると思われます。

《専門外来受診後の対応》

今回のケースでは、「体位性頻脈症候群」の診断がつきました。来室した際の収縮期血圧が80～90mmHg、拡張期血圧が20～40mmHgと低値のことが多く、血圧の変化に

注意し、頭痛やめまいといった症状が回復するようなら教室へ返し、回復が難しく戻れそうにないということであれば、早退させる方向で対応しました。

また、休息後の立ち上がり時に脈拍が70～80回/分から100～120回/分になるなど数値が変化し、症状悪化につながる恐れがあったため、頭の位置をあまり上げずに、立ち上がりを1分ほどかけてするなど指導を続けています。本人が立ち上がりの方法を忘れることが多いため、保護者と一緒に気をつけられるように指導しています。

保健室に来室する際は、バイタルサイン測定の記録を続けていくことから始めました。さらに、掛かり付けの医師と連携を取っていく必要があると感じ、本人と保護者の了解を得て、情報交換をしていく中で、学校でできることのアドバイスをいただきました。

来室した際には、来室時刻、状況、血圧、脈拍、体温、ペインスケール（1～10で表現）、症状の発生頻度、昨夜の睡眠時間を記録していきました。本人からときどき朝食が食べられない、もしくは単品になるとの発言があったので、食べられるときでよいから複数の食べ物を摂取することや、塩分が多めに含まれた食事、水分補給も少量ずつでよいので心がけることができるとよいのでは、と伝えました。

保健室では原則1時限（45分間）の休息ということにしていますが、今回のケースにおいては休息の時間を多めにとるなど状況に合わせて対応を変えることも考慮していました。

またストレス負荷のかかる時期であると予想できるときは、本人の気持ちの変化による症状と考え、症状が軽減できるように一緒に考えていこうという支援体制で、1人で抱え込まない関わりも継続しています。

他の教職員への伝達方法としては、症状が大きく変わったとき、治療の方針が大きく変わったときなどに、朝礼や職員会議で要配慮生徒に関わる情報共有の時間として報告（発信）しています。とくに大きな変化がなくても、月に1回は必ず保健室来室者の状況に加えて報告するようにしています。

今後の改善策

朝の健康観察から伝えやすい雰囲気づくりも重要です。他の人に自分の健康状態を知られたくない場合は、中学生は生活ノート（明日の持ち物や気持ちの変化）への記入、一言コメントによる担任とのコミュニケーションツールへの追加、高校生は週1回、ALTの先生に英語で話してもらい、少しでも明るい雰囲気にすることや、健康観察が終わった後でも担任に報告できるようにしておくなど、普段からの関係づくりを意識してもらえるような取り組みが必要だと感じています。

また以下の改善策を立てました。

・一時的な来室ではなく、継続的な保健室来室が増えていると判断できる生徒については、個人用ファイルとして保存します。
・バイタルサイン測定は憶測や先入観で判断せず、慎重にバイタルサイン測定の有無を判断します。
・身体的な要因なのか、心因的な要因なのか判断しやすいように、担任や部活動の顧問などからも情報を収集しておきます。
・掛かり付け医だけでなく、関連する病院へつなげられるように周辺の病院や専門外来についての情報を学校医などから得ておくようにします。

これらの改善策を踏まえ、起立性調節障害だけでなく、症状の早期発見・早期対応ができるように細心の注意をして生徒との関わりをもっていきたいです。

授業中に起きた低血糖発作

　糖尿病には、1型（インスリン依存型）糖尿病と2型（インスリン非依存型）糖尿病がありますが、小児は自己免疫やウイルス感染等が原因でインスリン分泌能が低下して発病する1型糖尿病が多いといわれています。1型糖尿病は、適切なインスリンの補充を続け血糖値を良好に保っていれば、健康な子どもと変わりなく学校生活を過ごすことができます。

　事例は、幼少期に1型糖尿病と診断され、長年にわたって疾病管理されてきましたが、高校の教科授業中に低血糖発作を起こし、救急搬送されました。

　この事例から、緊急時の対応方法と日頃の危機管理について考えてみたいと思います。

事例　授業中、呼びかけても脱力状態になった（高校）

事例1	高校1年生　男子
発生状況	4時限の英語の授業中に、「寝ているのかと思ったが、呼びかけても返事がなく様子がおかしい」と、生徒が保健室へ担架を取りに来ました。名前を確認するとAくんとわかり、「低血糖発作を起こした」と判断し、担架とともに保健室に常備しているブドウ糖10g粉末とペットボトルの水を持参して教室へ行きました。
経過・対応・結果	Aくんは、椅子に座った状態で、呼びかけると返事はできますが脱力状態。両脇を抱えると廊下まで歩き、すぐにブドウ糖10g粉末を口に入れ、水を飲ませますが、口に含めてもなかなか飲み込めず、吐き出しました。 　担架で保健室へ搬送。再度ブドウ糖液を飲ませますが、口に含めても飲み込むことができず、口元から流れ出ました。粉末を口腔粘膜になすりつけようとしますが、脱力のためうまくなすりつけられません。声は出ますが意識は鮮明ではありません。 　口腔からの摂取が不可能と判断し、救急車要請。脈拍60　血圧104/70　体温36.8℃　常備してある緊急用連絡票（本人氏名・診断名・治療状況・医療機関と主治医名・緊急時連絡先：保護者、主治医）を救急隊員に見せ、持参し、主治医のいる医療機関へ搬送され、保護者が合流されました。 　病院到着時：血糖値27　病院にてブドウ糖点滴（30分間）、1時間休養後帰宅許可。
ヒヤリハットした原因	症状から低血糖発作であると確信し、返事もできるので、ブドウ糖を補食すればすぐによくなると準備万端で対応しました。しかし、口にブドウ糖液を含むことはできますが、飲み込めません。声を出して返事をしましたが、実際には意識もうろう状態で意識レベルがかなり低下していました。自分で口腔摂取することは難しいところまで血糖値が下がっていた状態であると、すぐには判断できませんでした。

事例2	高校2年生　女子
発生状況	3時間目の体育の終了後、更衣を済ませ教室に帰る途中に気分が悪くなり廊下で動けなくなりました。生徒の連絡を受けた教員から保健室に「女子生徒が倒れている」と電話が入りました。
経過・対応・結果	廊下でうつぶせに倒れており、呼びかけに反応がないので、側臥位にしてアセスメントを行いました。顔色は良好で発汗もなく、呼吸状態も変わりありませんでした。3時間目の体育の後であることなどの状況から低血糖を疑い、保健室に移動して血糖を測定することにしました。保健室でも呼びかけに対して反応がないため、保護者に電話し了解を得て血糖値を測定し、対処方法についても相談しながら行いました。血糖値は80mg/dlあり、本人にそのことを伝えると目を開け、促すと座位になることができたので、グルコースキューを食べることができました。しばらくすると症状は治まりましたが、保護者に迎えに来てもらい病院を受診することにしました。診察の結果、主治医からは「倒れたときは、補食のタイミングが遅くなったので血糖値が下がってしまっていたのだろう」と説明があった、と連絡をもらいました。
ヒヤリハットした原因	入学時に行った保護者懇談で、母は「血糖のコントロールは良好です。すべて自分で管理できます」と何度も言い、CSII療法の具体的な内容や器具の使い方などを聞くことができていなかったため、血糖値測定に手間取りました。もし保護者に電話連絡ができなかったらと思うと、ヒヤリとしました。
気づきや課題	緊急時の対応については、保護者と想定できる限りの準備をしておくべきだと思いました。どんなに「自分で管理できる」といわれても、思春期は血糖のコントロールが難しい時期であることを説明し、機器の使い方や機器のトラブルがあったときの対応などを確認しておくべきでした。これまでに数人のI型糖尿病のある生徒の支援を経験しており、自分なりに勉強もしているつもりでしたが、今回の事象をきっかけに勉強し直してみると、知らないことがたくさんありました。思春期の糖尿病について、どのような課題があるのか、とくに精神的な支援の大切さについて理解を深めておくべきだったと思います。 　女子生徒はクラスでのトラブルをきっかけに、一人で過ごすことが多いことが気になっていました。しかし、そのことが糖尿病の治療や将来の合併症の予防・生活の質などへの影響を与えることに考慮した心理社会的な支援ができていませんでした。
今後の対策の視点	今回の反省を生かし、「個別の緊急体制」を見直すことから始めました。主治医の協力を得て、なるべく具体的な症状や判断の目安を記入することにしました。併せてI型糖尿病、とくに思春期糖尿病について理解啓発を行うことにしました。 　その後、体調不良で欠席することが多くなっていたので担任と連携し、登校しづらくならないように配慮するなど、心理社会的な支援ができるように考えました。

ヒヤリハット体験事例を通して 学んだこと

　今回の事例を通して、思春期の血糖コントロールの難しさを学びました。疾患名が同じであっても個々の症状や緊急時の対応は違っています。そのことは十分にわかっているつもりでしたが、どこかで以前の経験をもとに「大丈夫だろう」「何かあっても対応できるだろう」といった過信があり、緊急時対応の準備が不十分でした。そこで疾患の理解から取り組みし直し、"個別の緊急体制"を具体的なものに改善しました。

　次に慢性疾患のある生徒の心理社会的支援の難しさを学びました。疾患に関する資料を探すなかでⅠ型糖尿病のある生徒は、学校生活に多くの不安や困難を感じていて、思春期の心理社会状態が成人になってからの血糖コントロールと関連することを知りました。この女子生徒も、今回の事象があってから血糖のコントロールが難しくなり、欠席が多くなりました。保護者から「低血糖の一番の原因は精神的なストレスだと主治医からいわれている」と聞き、入学時の準備の大切さと、安心・安全感に基づいた信頼関係の大切さや難しさを感じました。

＜疾患の理解＞

　疾患の基本的なことは、病院で作成されている「Ⅰ型糖尿病」のリーフレットを使い、CSII療法と思春期の糖尿病については、下記のような内容で資料を作成し理解を深められるようにしました。これらの情報は担任団と共有し、学校全体には、主治医からいただいた「1型糖尿病」のリーフレットを配布しました。

【インスリンポンプによるCSII療法】

　インスリンポンプは、血糖変化の傾向や生活に合わせて30分ごとに0.05単位刻みで医師によってプログラムされたインスリン量を24時間持続的に注入したり、食事や高血糖でインスリンの追加が必要な場合に、簡単な操作によって0.1単位刻みで投与できる機能があります。携帯型の小型機器で携帯型音楽プレーヤーほどの大きさがあり、皮下に留置された細いチューブとカニューレ（注入セットとよばれます）を通してインスリンを注入します。

　CSII療法は、インスリンポンプによりインスリンの基礎分泌（basal）を自動的に注入し、食事の前に追加注入（bolus）を手動で行う方法で、インスリン補充療法のなかで最も生理的なインスリン分泌に近似した療法です。1日4回以上の血糖自己測定が欠かせず、その結果を血糖のコントロールに反映させる必要があります。開始前には、インスリンポンプの使用方法やトラブル対処、ライフスタイルや治療目的にどう合わせるかを学ぶトレーニングを十分に受ける必要があります。注入セットが機能しなくなって数時間インスリンの注入ができなかった場合には、生命に関わる合併症が生じる恐れがあることも知っておかなければなりません。

【小児・思春期糖尿病】

　血糖のコントロールの難しさは、食事やその後の活動量に見合ったインスリン注射量を決め自分で管理しなければならないことにあります。生活は毎日同じではありません。思った以上に血糖値が下がりすぎたり、逆に血糖値が下がらなかったりすることもあります。食事の前に注射しようと思っても周りに人がいて、ためらうこともあり、注射には多くの心理社会的な要因もつきまといます。これらすべてが血糖コントロールに影響します。

　学校生活を送る上で、①教職員や周囲の子

どもに理解を得ること②低血糖の予防や対処・学校でインスリン注射や補食をとる場所の確保などに苦労しています。思春期は仲間を強く意識する時期なので、インスリン注射が必要なことや学校で補食することを友だちに隠したくなったり、自分だけお菓子を食べなかったりすることを難しくします。また、食べることに対して過敏になりやすくなるので、摂食障害にも注意が必要になります。

思春期に入ってからは、低血糖のみならず、血糖管理不足や高血糖の持続の認知機能の障害に関連するといわれています。また、思春期の問題行動や心理社会状態が成人になってからの血糖コントロール不良と関連するともいわれ、この時期の血糖のコントロールが将来の糖尿病性合併症の発症や進展の引き金になり得るともいわれています。

女性の場合は月経の発来とともに血糖のコントロールが乱れることが多いので配慮が必要です。このように、行動、感情的、心理的、精神的側面にも注意が必要になります。

＜緊急体制の見直し＞
【保護者との連携】

病院受診の結果を聞くとともに主治医から医療情報を提供してもらうことの了承を得ました。日々の健康状態については、担任を通じて連絡を密に取り合うようにしました。見直した緊急体制は懇談で確認し、併せて補食の保管場所の確認や器具の使い方の説明を受け、緊急時に使用の手助けができるようにしました。

【医療との連携】

保護者の了解を得て主治医から医療情報を提供してもらいました。病院で作成されている「Ⅰ型糖尿病」のリーフレットと個別の病状を説明した文章を頂きました。文章の内容は、

◎病気（1型糖尿病について）◎高・低血糖時の対処の仕方◎学校生活で気をつけること◎連絡先（病院・保護者）です。日本学校保健会で作成されている「糖尿病患児の治療・緊急連絡方法等の連絡票」と「学校生活管理指導表」を記入してもらいました。

＜心理社会的支援＞

DAWN YOUTH調査（2007〜2009年）は、世界中の小児思春期の糖尿病を持つ若者にとって、糖尿病が生活にどのような影響を与え、どのような点を改善しなければならないのかを明らかにすることを目的とした調査です。学校での理解不足や支援の不足を指摘する結果となっており、教員との意識のずれがあるかもしれません。もう一度、生徒の不安や困り事を聞くことからやり直したものです。（＊以下、結果の抜粋です）

（全体でわかったこと）

・学校できちんと支援が得られている小児のQOL（生活の質）は高く、糖尿病の負担感も比較的小さいことが明らかになっています。学校生活には親や教師をはじめとした周りの支えが大きいことがわかります。

・保護者の3分の1は糖尿病が学業成績に影響があると感じていて、4人に3人は教師にもっとよく理解してほしいと要望しています。

（日本の特徴）

・保護者の3割強が子どもの糖尿病が学業成績にまったく影響がないと思っている。

・7割強が学校の活動に影響がない。

・8割強が学校で糖尿病の手助けが必要なときに担任や養護教諭に頼ることができる。

今後の改善策と課題

＜個別の指導計画＞

本校では配慮の必要な生徒に「個別の指導計画」を作成しています。女子生徒にも作成していましたが、安全管理や安全指導について書かれているのは、低血糖の予防についてだけで、個別の緊急体制については記載されていませんでした。危機管理と日々の指導がばらばらにならないよう、一人の生徒の資料はなるべく一つにまとめていきたいと思います。

<心理社会的支援と3次予防の視点>

学校でできる心理社会的支援の第一歩は疾患の理解です。「1型糖尿病」のリーフレットにも「○ちゃんとわかって　～周囲の方々に知ってもらっていたらどれほど助かるだろう、

という患者さんの思いは筆舌に尽くし難いものがあります。それは、身体的な面はもちろんのこと、精神的な面でも大きな意味をもちます。～」とあります。

今回の事例では、"周囲の者に理解が得られている"と感じることができなかったために、登校することのストレスが高くなって、血糖のコントロールに悪影響を及ぼし、欠席が多くなってしまったのではないかと反省しています。経験からくるおごりを排し、生徒や保護者から謙虚に学ぶ姿勢を大切にして、入学準備からの丁寧な対応を行っていきたいと思っています。

『新たに作成した個別の緊急体制』
高・低血糖時の対処の仕方を加え、緊急時の判断の目安を血糖自己測定の結果を優先することにしました。

	症状	対処の仕方
高血糖	血糖値300～500mg/dl ・のどが渇く ・トイレが近くなる	・お茶を飲む ・インスリン追加 ・静かに休む
低血糖	軽度 血糖値50～70mg/dl ・空腹感 ・頭痛 ・しんどい	・グルコースキューレを食べる ・補食する（ビスケットなど）
	中度 血糖値40～50mg/dl ・機嫌が悪くなる ・身体がだるい	・グルコースキューレを食べる ・補食する（ビスケットなど）
	重度 血糖値40 mg/dl以下 ・ぐったりする ・眠ってしまう ・けいれん発作 ・意識を失う	・救急車で病院に運ぶ（グルコースキューレを少しずつ口に入れる）

症状がある
↓
他の教員を呼ぶ
↓
緊急性の判断
（血糖自己測定ができるか）

できない → 保護者に連絡

できる
その場で測定　　保健室で測定

緊急連絡先
保護者　自宅000-000-000
　　　　母　000-000-000
　　　　父　000-000-000
主治医　000-000-000
消防本部　000-000-000

ぐったりする
寝てしまうけいれん発作
意識を失う　→　救急車で医療機関へ

資料ダウンロード可

色覚多様性

子どもは本来、自らの心身の安定を図る力が身についているものの過換気症候群や色覚多様性という個別の心身のトラブルに直面した際に対応するすべが身についておらず、学校生活に支障を来してしまうといった弱さもみられます。

そこで、生涯において健康な生活を送るために、子ども自身が心身の健康問題と向き合い、その背景を分析し、改善していく力を身につけてほしいと考え、次のような内容で事例検討しました。

事例 健康診断で、色覚多様性の疑いが見つかった（中学校）

事例	中学1年生 ※2017年9月に、日本遺伝学会が遺伝学用語を改訂しました。その中で、色の見え方は人によって多様だという認識から「色覚異常」や「色盲」は「色覚多様性」と呼ばれるようになりました。本原稿では、「色覚多様性」を用いて書き進めていきます。
発生状況	本校では毎年、中学1年生の希望者を対象として色覚検査を実施しています。希望者は1年生全員の71%でした。そのうち色覚多様性の疑いが見つかったのは、2人でした。 　希望者が100%にならなかったのは、近隣の小学校において、4年生を重点学年とし、色覚検査を実施していることが関わっていると思います。そのため、中学校での検査を希望しない生徒もいると考えられます。
経過・対応・結果	検査結果を生徒に配布した日の放課後、養護教諭自ら家庭に電話連絡をしました。保護者は、「初めて言われたことなので大変驚きました」と動揺している様子でした。色覚検査と色覚多様性について、保護者の理解を深め、生徒のこれからのために一番望ましい対応を考えていくためにも、保護者と懇談することが必要だと考えました。 　懇談は、教頭・養護教諭・保護者・本人で保健室において実施しました。管理職と相談し、以下の内容を懇談で伝えました。 ・色覚多様性の疑いは、日常生活を送るうえで支障がないといわれている ・現在は進学時に色覚について問われることはおおむねなくなってきている。しかし、自衛隊、警察関係、航空、調理師専門学校など、ごく一部の学校では入学時に制限されることがある ・色覚多様性の原因は判明されていないが、遺伝が関係しているのではないかといわれている。将来結婚し、出産する際、遺伝の法則により色覚多様性の因子を持った子どもが生まれてくる可能性がある
ヒヤリハットした原因	色覚多様性の疑いは2人。そのうち1人はすでに小学校の検査において治療勧告書を受け取っており、医療機関を受診していることが、保護者への電話での聞き取りによりわかりました。

	残りの1人は、今回の検査で初めて色覚多様性の疑いが見つかりました。どちらの生徒も同一の小学校に通っていたにもかかわらず、この生徒は初めて色覚多様性の疑いが見つかりました。
気づきや課題	どちらの生徒も同一の小学校に通っていたにもかかわらず、初めて色覚多様性の疑いを知ったことには、次の理由が考えられます。 ・小学校で色覚検査を希望しなかった ・なんらかの理由で、小学4年時の検査に結果が表れなかった 　私は養護教諭部会においてこの結果を報告しました。そして、義務教育期間中に一度は色覚検査を受けることの重要性を提案しました。
今後の対策の視点	生徒本人および保護者への継続的な支援が必要だと思います。そのためにも、保護者がいつでも相談できる体制を整えていきます。 　また、生徒本人を継続的に指導していくために、教職員の色覚に対する知識と理解を深めていく必要があります。

ヒヤリハット体験を通して学んだこと

　学校で色覚検査を実施する重要性を強く感じました。また、小学校と中学校で連携し、健康診断の実施や検査結果を引き継いでいくことも大切だと学びました。

　支援体制づくりの一環として三者懇談を設けることで、保護者の不安を軽減することができると感じました。生徒本人を交えて懇談を設けたことで、生徒が保護者と共に色覚多様性について考える機会となりました。

今後の改善策と課題

　教職員が生徒に対応するときには、教育活動全般にわたり、色の識別が困難な児童生徒がいるかもしれないという前提で、色覚多様性について正しい知識をもって児童生徒に接することが必要です。

　本校では毎年、色覚検査終了後、検査の結果を教職員会で周知するとともに、色覚多様性についての教職員研修を行っています。

　しかし、毎年教職員への研修を行っているにもかかわらず、白と黄色以外のチョークで板書をする教職員がいます。板書の際の配慮事

図　職員研修資料

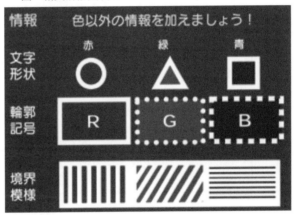

項は、たとえば赤や青のチョークを使用するときには、とくに留意が必要であることや強調したい事柄には囲みをつけるなどの具体例を示し、教職員会等でくり返し周知していきたいと思います。また、色覚多様性の疑いのある生徒に対する継続的な支援を進めていきたいと思います。

過換気症候群

ヒュー
ヒュー

過換気症候群は、女子生徒によく見られ、人間関係のストレスや不安など心理的な要因で起こりますが、バスケットボールやバレーボールなどの運動でも起こることがあります。症状は、ハアハアと大きな荒い息をくり返し、胸を押さえて息苦しさを訴えたり、口唇や手足がしびれて立てなくなったりします。

たいていは、気持ちを落ち着かせることで症状はよくなります。しかし、中には症状が治まらず発作をくり返して病院へ搬送しなければならない場合もあります。

以下に、激しい咳を伴った過換気の事例を3例あげたいと思います。

事例 ## 過換気症候群に運動誘発性ぜんそくが合併していた（高校）

	事例1	高校1年生　A子
1回目	発生状況	昼食後にホームルーム教室で突然、過換気発作が起きました。友人と談笑しているときだったようです。
	経過・対応	教室では机に伏せて息は小刻みに荒く、手指のしびれが見られました。落ち着かせながら保健室に一緒に行きました。せきはあまり出ていませんでした。ペーパーバッグ（＊）を用いながら30分くらいで落ち着いたので過換気だと思いました。担任の話では自己主張が強く女子グループとの葛藤があるようでした。
2回目	発生状況	体育の時間、グラウンドでソフトボールをしているときに過換気発作が出ました。（この頃、A子は頻繁に過換気発作を起こしていました）
	経過・対応	グラウンドへ行くと、息が荒く手足がしびれ始めてせきき込んでいました。20メートルほど歩いてげた箱のところまで来ると吠えるような乾性のせきが続き、手足のしびれが強くなって座り込んでしまいました。間もなく筋肉の拘縮が起こり意識がもうろうとし始めたので、その場で救急車を要請しました。ぜんそくの既往はありませんでした。脈は弱く早かったのですが、チアノーゼは出ていませんでした。
	結果	病院で処置を受けると「過換気ですね」と言われ、A子は迎えに来られた保護者と共に帰宅しました。病院での処置後、まだせきは止まっていなかったので、とても気になりながら帰校しました。
3回目	発生状況 経過・対応 結果	A子はまた過換気発作を起こしました。だんだん激しいせきき込みになって筋肉の拘縮が起こり始めたため保護者に連絡し、すぐ近くの内科医院を受診しました。前回と同じような処置を受け「帰っていい」と言われ

		ましたが、せきは時折激しく出ていたため、医師にせきが止まらないことを伝えました。その結果、医師からの指示はとくにありませんでした。
4回目	発生状況	A子は体育の後、いつもの過換気の兆候が出て自分で保健室に来ました。
	経過・対応	せきが出ていました。腹式呼吸*をさせ、気持ちを落ち着かせようとしましたが、せきはだんだん激しさを増し手足にしびれ感が出てきました。このままではまた前回と同様な症状になると思ったので、すぐに同じ内科医院を受診しました。待合室でも激しいせきは続き筋肉の拘縮が起こってきたため「せきがとても強いのですけれど」と看護師さんに訴えました。すぐにネブライザーで吸入後、前回同様の処置を受けて落ち着きました（処置後にせきは出ていませんでした）。
	結果	体育の時間、グラウンドでソフトボールをしているときに過換気発作が出ました。（この頃、A子は頻繁に過換気発作を起こしていました）
その後	その後	半年後、遠方の運動公園に校外学習（遠足）があり、要観察（過換気症候群、運動誘発性ぜんそく）生徒として担任など学年会で情報共有をしました。各学年が遠足で出かけており、養護教諭は学校待機でした。そこへ救急の連絡が入りました。 現地は雨天のため広い室内でバーベキューをしていたところ、急にA子が過換気になり、せきき込んでいるとのことでした。室内は煙でいっぱいだと聞き、2つの指示を出しました。①A子を室外に出し、きれいな空気を吸わせること。②落ち着かせるとともに救急車を呼んで病院搬送すること。結果、A子は救急車の中で症状が消失し、病院に迎えに来られた保護者と共に帰宅したとのことでした。
	ヒヤリハットした原因	過換気ということで、無意識のうちに最初の症状の背景を心理的なものに限ってしまったように思います。確かに1回目は、心理的背景が強かったのかもしれませんが、2回目以降は、体育時間や体育終了後に、グラウンドで、「何をしているときに、どんな変化があったのか」などを丁寧に聞き取りすれば、激しいせき症状についてもっと早く医師に伝えることができたのではないかと思います。
	気づきや課題	生徒やその周囲の人が訴えてきた症状を重視しながらもその症状の背景を整理し理解しておくことが大切だと思います。 この事例では、激しいせきき込み症状の発生機序や経過について、もう少し時間をさかのぼって情報収集する必要がありました。一方、激しいせきの誘因を最後まで追求したことはよかったと思います。 もし「運動誘発性ぜんそく」があることを把握していなかったら、校外学習時に適切な指示は出せなかったかもしれません。また、救急車の中で落ち着いたので、保護者には理解しにくかったのではないかとふり返りますが、吸入ステロイドなどの日常的なケアをしていなければ症状はさらに激しく長引いた可能性があります。せきの解明をしておいてよかったとホッとしました。

*口に手を入れたり、ペーパーバックを使用したりせず、腹式呼吸をすることで気持ちを落ち着かせ、安静時の呼吸に近づけるよう支援します。

事例 過換気発作の途中から激しくせき込む(高校)

事例２	高校２年生　B子
発生状況 経過・対応 結果	２学期が始まって間もない頃、廊下を歩いていてだんだん息苦しくなり、過換気症状が認められるとともに激しいせき込みが始まりました。砂ぼこりのある乾燥した空気の中での出来事であり、学園祭の練習が盛んなときでした。保健室で症状が治まるまでに30分以上要しました。 　２度目もほぼ同様の状況で来室しましたが、せきが治まらず水分を取れないので病院へ搬送し、病院での処置で症状は軽快しました。せきも消失していました。 　医師は、過換気症候群であること、心理的なものであること、発作が頻繁にあるようなら心療内科などの受診も考えることについて、B子と保護者に説明されました。 　保護者は、前回の症状出現時に、家でB子がとても不安がっていたので、今回受診してよかったと言われました。
その後の気づき	後日、心理的に負担になっていることを本人から聞いたため、継続相談で対応しました。それからB子は過換気の症状で保健室に来ることはなくなりました。来室しなくなった後も、症状が全く出ていないわけではなく、症状が出そうになったら、その場を離れて一人で落ち着くようにしているとのことでした。 　早期に受診し、医師に過換気の機序や対処の方法を学んだことがB子の心理的、身体的なコントロール力を強めたと考えられます。

事例 もともとぜんそく発作がある生徒の過換気発作(高校)

事例３	高校２年生　C子
発生状況 経過・対応 結果	C子にはぜんそく発作があり、日常的にぜんそくの治療（吸入など）をしていました。過換気症状は、１年次の春休みから出るようになり、４月に入ると１日に何度もくり返し、激しいせきを伴うようになっていました。部活動の人間関係がうまくいっていないとのことで間もなく受診し４月末から薬を服用するようになりました。 　C子は頑固で頑張り屋な性格です。２学期には過敏性腸症候群も加わって複数の医療機関を受診していたため、１カ所で総合的に診てもらうことを勧め、徐々にコントロールができるようになっていきました。 　２年生の冬の部活動中、久しぶりに過換気の発作で来室したときも激しいせきを伴っていました。また、明らかに痰が絡み喘鳴を伴っていました。できるだけ水分を取らせながら腹式呼吸を一緒に行い、ぜんそくのコントロールなどについて状況を聞きました。 　ぜんそくは朝夕予防吸入をしており、過換気についても保健室に来る前に頓服を内服したとのことでした。「少し治まったところで、過換気は薬も内服したのでだんだん落ち着いてくると思うけれど、今日はぜんそくの症状の方が強く出ているので、こちらの処置をしっかりしておく必要がある」ことを伝えると、以前のC子なら無理をしても部活動に戻っていましたが、この日は素直に自分の状況を受け入れて帰宅することができました。

<参考資料>

1 過換気症候群

(1) 発 症		若い女性に多い。
(2) 原 因		・心理的要因（ストレス、緊張や不安）による過換気の発作 ・動脈血の CO_2 の低下（呼吸性アルカローシス）
(3) 症 状		・多呼吸 呼吸困難 胸の痛み 心拍数の増大 ・めまい 意識障害 不安の増大やパニック ・口唇や手足のしびれ テタニー症状（けいれんや筋肉の拘縮）
(4) 治 療		・落ち着かせる（危険な状態ではなく症状は治まっていくことを伝え、安心させる） ・腹式呼吸 （おなかに手を当てて呼気時に口をすぼめてゆっくり息を吐くように伝え、腹式呼吸を意識させ呼吸をコントロールする。同時に気持ちを楽にさせる） ・鎮静薬の投与や抗不安薬の内服 ・カウンセリング
(5) その他		・過換気の悪循環　心理的要因（ストレス、不安や緊張）　→　過換気発作 　　　　　　　　　　↑　　　　　　　　　　　　　　　　　↓ 　　　　　　（不安の増大）←　テタニー症状・呼吸困難

2 喘息

(1) 発 症		夜間、早朝に多い。
(2) 原 因 （発作の引き金）		・アレルギー素因　　・気道過敏性の亢進　　・ダニなどのアレルゲン　　・喫煙 ・かぜなどの感染症　　・大気汚染　　・運動　　・薬剤　など
(3) 症 状		・呼吸困難　　・咳嗽　　・喘鳴　　・聴診で ぜいぜい音(wheezes)がなど ・気道閉塞　　・好酸球の増加　　・気道過敏性の亢進
(4) 治 療		・発作時　　気管支拡張薬—特に短期間作用 β_2 刺激薬（吸入・内服）等 　　　　　　抗炎症薬—ステロイド（経口、点滴静注）　　　　　　　など ・非発作時　抗炎症薬—吸入ステロイドなど 　　　　　　気管支拡張剤　ロイコトリエン受容体拮抗薬　抗アレルギー剤等
(5) その他		・発作時（低換気）　動脈血の O_2 低下　→　過換気　→　CO_2 低下

3 咳喘息

明らかな喘鳴がなく乾性の咳嗽のみを症状とする。（治療は喘息と同じ）

4 運動誘発性喘息

運動時の過換気による気道の乾燥や冷却刺激によって起こる喘息。運動中よりも終了直後に起きやすい。（治療は喘息と同じ）

5 その他（呼吸に関連する生理的反応）

(1) 換気量の増加（多呼吸　過換気　咳嗽など）

動脈血の O_2、CO_2 ともに上昇させるが、CO_2 は O_2 より拡散しやすいため、結果的に CO_2 が O_2 より早く排出され、動脈血の CO_2 を低下させる。そのため呼吸性アルカローシスが起こる。（テタニー症状）

(2) 換気量の増加　→　呼吸筋の運動　→　CO_2 の産生増加　→　CO_2 の低下

(3) 1回の換気量が増大　→　肺の膨張　→　吸気活動を抑制し呼気へ切り替わる

(4) 動脈血の O_2 低下、CO_2 上昇　→　呼吸を促進させる

<引用文献・参考資料>：病気が見える④呼吸器　医療情報科学研究所編（メディックメディア）

ヒヤリハット体験を通して学んだこと

事例1は、運動誘発性ぜんそくがあると診断がつくまで、とても長くかかりました。A子は、人間関係でうまく自分を主張できなくてストレスや不安があったと思われますが、いつもそうではありませんでした。また、ぜんそくのことを全く知らなかったため、激しいせきと息苦しさに怖い思いをしたことも強い不安につながり、悪循環に陥ったと思われます。運動誘発性ぜんそくをコントロールすることで、過換気発作を少なくし軽くしたと考えられます。

事例2は、過換気発作の途中で徐々に激しいせきが出てくるケースでした。多呼吸、過呼吸になることで気道が乾燥し過敏になって咳嗽（がいそう）反射が強くなったものと思われます。また、激しいせきによって換気量が増えたため、結果的に二酸化炭素の排出量が増えて過換気発作を助長したとも考えられます。

事例3は、心理的な状況もあったかもしれませんが、ぜんそく発作によって気道の閉塞感が強くなり、換気量を増やすためにより激しくせき込んで過換気の状態になったこと、息苦しさそのものが不安につながったことの両方で過換気発作を起こしたと考えられます。

3つの事例を見ると、過換気症候群は心理的なものだけではなく呼吸機能の調節そのものに関係しています。保健室には心理的に身体症状を表出する生徒が多く訪れますが、そのことに惑わされず、目の前の身体症状をどのように見立てていくか常に新鮮な視点を持ちたいものです。

今後の課題と改善策

生徒の話を共感的に傾聴したり、過換気症候群が発症する仕組みや対処方法について指導したりすることで、生徒の不安を和らげ過換気症候群が発症する回数を減らすことができると考えます。発症を減らすことで、生徒の学習時間を確保したいと思います。

生徒が落ち着いているときに、過換気症候群が発症するときの様子について、一緒に話し合うことで、過換気症候群を発症しやすい時間や場合を自身で分析する必要があると考えました。たとえば「全校集会の場」「学期末テストなど、試験の場」「体育の長距離走やシャトルランで走った後」に過換気症候群による発作を起こすことが多い生徒もいます。

保護者との連携として、学級担任から保護者に家庭連絡し、医療機関受診を依頼していきます。そうすることで、器質的疾患の有無が明らかになると思います。また、全校集会や授業への参加の仕方を学級担任や教科担任と話し合い、共通理解することで、学校としてチームで対応していきたいと思います。

周囲の生徒へ過換気症候群の説明をし、不安になったり動揺したりしないようにしていきたいと思います。

発達障害を有する生徒のパニック発作

余寒の時節や季節の変わり目には、体育的行事として、マラソン大会を実施する学校が多いことでしょう。マラソン大会の実施にあたり、進め方は校種や対象児童生徒の年齢、地域性などにより異なります。たとえば、実施場所（学校内外）や走行距離、教員や保護者による監督態勢など、その形態は多様です。

私たち養護教諭にとってマラソン大会は、児童生徒の健康管理は言うまでもなく、とくにハイリスク生徒については、事前に主治医の判断を確認したうえで運動強度の参加形態の選定を行います。また周知徹底事項として、緊急時の対応やコースの安全管理面は、保健体育科教員や管理職との連携の下、安全に実施できるよう心血を注ぐところです。

しかし、今回、発達障害を有する生徒がマラソン大会参加中にコースから外れてしまい、方向を見失い、パニック発作を起こし、地面に倒れているところを発見されるという事例が起こりました。多くの教員がコースのあちこちで監督していたにもかかわらず発生した事例です。

本稿では、本事例を通して、未然に防ぐことができなかったのか、なぜ起こってしまったのかを以下に検証したいと思います。

事例 パニック発作を起こした自閉症スペクトラム障害の生徒（高校）

マラソン大会の概要

例年2月初旬に、普通科1・2年生16クラス男女約640人を対象に実施。近隣の運動公園を借りるので、当日生徒は現地集合、現地解散。出欠点呼、開会式の後、男女ともスタートは陸上競技場内を周回し、その後競技場を出て、運動公園内の周回道路（1周約3キロ）を4周走った後、陸上競技場内のゴールまでの計12キロを走る。周回道路は見通しのよい箇所と、植木の垣根（柵）で仕切られた箇所がある。コースの沿道や分岐点には複数の教員が監督として声をかけながら、生徒に異変があれば直ちに本部、巡回車に通報するよう徹底していた。また、生徒は自分のカードを首から下げて走り、1周ごとにスタンプ押印場所において、教員から証明スタンプをもらって走り続ける。ゴール地点ではタイムを記入し、そのカードを提出して流れ解散となる。

マラソン大会の事前準備

・対象生徒全員に「健康調査」を実施
・保護者全員に「マラソン大会参加確認」を実施
・健康調査結果より、検診希望者、抽出者（要管理者）に対して校医による内科検診を実施
・すでに医療にかかっている生徒については、主治医から「持久走参加許可」を提出
・運動禁止や運動制限のある生徒、運動制限のない要注意疾患生徒などのリストを作成

要注意疾患の例

心臓疾患・腎臓疾患・ぜんそく・アナフィラキシーショック既往（エピペン所持）・運動誘発性じんましん・1型糖尿病・てんかん経過観察・気胸経過観察・その他整形外科疾患　など

事例	高校1年生　男子（特別支援学校）
本人の状況	【入学前・中学校特別支援コーディネーターからの情報】 　3歳時健診にて「自閉症スペクトラム障害」と診断、小学校は普通学級から特別支援学級へ通級、中1から中3の1学期までは特別支援学級に在籍し、2学期から普通学級で学習していた旨の説明を受けていました。診断名や障害の特性、対応方法などは主治医から本人に告知されていました。学業成績は普通で、自宅外では緘黙（かんもく）傾向であること、重要なことは本人が必ずメモをとる、ただし初めて訪れる場所や急な時間変更など対応できないときには、パニック発作（多動になり、脈絡のない言葉が止まらない）を起こすことがあり、別の場所でクールダウンをさせると落ち着くということを教わりました。 【入学前・保護者（父）からの情報】 　とくに配慮してほしいことはなく、皆と同じ指導をしてほしいというお話でした。ただし、クラスメートには学期初めに、「本人の特性を伝えて、困っている様子や異変があったら先生に伝えてほしい」旨の要望がありました。 【入学後】 　重要な事柄、初めての事柄、急な変更などについては、担任教諭や教科担当教諭からメモをとるように指示することを確認し、個別の支援計画を作成したうえで、校内会議を行い周知に努めました。 　幸い1年生の2月まで、高校生活のなかでパニックを起こすことはなく、通常授業に加え、遠足・球技大会・体育祭・文化祭などの学校行事にも問題なく参加しました。定期考査もすべて受け、落ち着いて過ごしているように見えました。2学期後半から始まった体育実技の授業もすべて参加し、距離ごとのタイムを自ら正確に計測、記録するなど、前向きに取り組んでいました。マラソン大会の会場（学校外）へのアクセスや集合時間、コースの概要については、体育の教科授業のなかで一般生徒と同様に指導を受けました。
発生状況	当日朝、集合場所で点呼をとった担任教諭が声をかけたときは、本人は普段どおりであったそうです。 　始まってからは、複数の監督が腕時計を見ながら速いペースで走っている本生徒を見かけ、声をかけています。ところが周回道路2周目を走っていたときに、コースから外れ、方向を見失い、パニックを起こして脈絡のない言葉を発しながら地面に倒れていたところを通行人に発見されました。
経過・対応・結果	連絡を受けた教員が本部に通報し、巡回車が迎えに行き乗せて救護室へ搬送しました。搬送後、通常使用している本部内の救護コーナーとは別の静かな救護室へ運び、ベッドに寝かせ、養護教諭と担任教諭とともに、「大丈夫だよ」「よく頑張ったね」「マラソンはもう終わったよ」とゆっくり背中をさすりながら声をかけました。生徒はしばらく混乱した様子で、いろいろな言葉を発していましたが、次第に落ち着きを取り戻し、受け答えができるようになりました。 　コースから外れた前後の記憶はないようでしたが、転倒したり、けがを負ったりした様子はありませんでした。コースから外れた経緯は推測になりますが、本生徒が倒れていた場所に近い周回道路には垣根の柵があったのです。本来それは防止柵になるはずの柵でしたが、いったん外れると戻ろうとしても見通しが悪く、元のコースが見えにくい状態であったことが考えられました。 　本人と話をし、十分落ち着いたことを確認した後、担任教諭が保護者に連絡し、経緯の説明をしたうえで運動公園の最寄り駅まで付き添って帰宅させました。

ヒヤリハットした原因	養護教諭として、マラソンを安全に行うため健康管理、安全管理に注意を注いでいたつもりでしたが、特別な支援が必要な生徒への配慮に欠けていました。 　本生徒はそれまでの行事や体育の授業には、問題なく参加できていたことと、マラソン大会は全校生徒が前後に連なりながら走り、コースの分岐点では全教員が監視に当たっているため、まさかコースから外れる生徒がいるとは想定していませんでした。 　本事例は、コース外に倒れていた生徒を偶然通りかかった通行人が発見してくださいました。通行人からの素早い通報で発覚し、まさに不幸中の幸いでした。もし発見が遅れていたらと思うと、本当にヒヤリとしました。
気づきや課題	【特別支援教育の理念】 　「特別支援教育は、障害のある幼児児童生徒の自立や社会参加に向けた主体的な取り組みを支援するという視点に立ち、幼児児童生徒一人一人の教育的ニーズを把握し、その持てる力を高め、生活や学習上の困難を改善又は克服するため、適切な指導や必要な支援を行うものである（後略）」（特別支援教育の推進について（通知）19文科初第125号平成19年4月1日文部科学省初等教育局長）とあるように、本生徒の「初めて訪れる場所や急な時間変更などに対応できないとき、パニック発作を起こすことがある」という特性に対し、合理的配慮として、個別に適切な指導や支援を行う必要がありました。さらに、初めて参加する1年生全員に対する全体指導をより丁寧に行うことは、ユニバーサルデザインとして多様な人々が利用しやすい方策になると思われます。 【具体策として考えられること】 ①本人に対して：当日までにマラソン大会の要項を一緒に見ながら、集合場所や集合時間、開会式の式次第、コースの概要、監督教員の立ち位置、スタンプ押印場所、ゴール後のカード提出、本部の場所、流れ解散の決まりなどを、一つ一つ確認しながら説明をする。最も効果的なのは、事前に一緒にマラソン大会の会場へ行き、コースをたどり、実際に目で確認すること。 ②保護者に対して：事前に概要説明をし協力を得ておくこと。家庭においても確認をお願いしておくことにより二重の確認となり、また当日緊急事態が起こっても理解が得られやすい。 ③全生徒に対して：ユニバーサルデザインの観点から、周回道路上のコース表示を立て看板や張り紙で明確に示し、分岐点には一方向をロープやテープで閉鎖するなどして、物理的にコース外へ出られないようにする。

🔔 ヒヤリハット体験を通して学んだこと

　学校の管理下において、指導を担当する教職員には児童生徒の安全を確保すべき指導の徹底や監督上の注意義務があります。とくに施設・設備面の安全管理、児童生徒の健康管理、救急体制、そして特別に支援が必要な生徒への合理的配慮について、多方面から対応する必要があります。その進め方は、管理職、大会を主催している教科や部の関係教職員、そして常日頃生徒に対応している担任教諭など

それぞれの立場で担うことがあります。これらは、各学校の実態や実情によって判断すべきだと思いますが、養護教諭には、このような視点をもって調整にあたる責務があると考えます。

　さらには、診断を受けている生徒への配慮だけでなく、ユニバーサルデザインの観点をもち、最大限可能な範囲ですべての生徒が安心できる学校環境や安全に過ごしやすい環境を提供していきたいと感じています。

知的障害のある生徒の熱中症発症

　本校は、肢体不自由や知的障害のある児童生徒が在籍する特別支援学校です。同じ障害であっても児童生徒一人ひとりの発達年齢、課題、特性は異なっており、個に応じた指導や支援が必要になります。たとえば、けがをしたときや体調が悪いときに、全員が自分で表現できるとは限りません。そのため、教師側の細かい観察や変化の気づきが必要となります。

　以下に高等部の生徒が、中距離走後に発症した熱中症の事例を紹介します。

事例　中距離走後、思うように水分補給できなくなった（特別支援学校）

事例 1	高等部 3 年生　男子（軽度知的障害のある生徒）
発生状況	9月の日曜日に開催された障害者スポーツ大会陸上競技の部に、当該男子生徒Ａ（以下Ａと表記する）は1500ｍの中距離走に参加することになっていました。約40分前からウオーミングアップを行った後、競技に出場しました。 　最初はいつものＡのペースよりも少し速いペースで前走者について走っていましたが、次第にペースが落ちていきました。1500ｍを走り終わった後、Ａが体調不良を訴え、競技場の救護室に運ばれました。
経過・対応・結果	救護室で、在駐していた看護師がベッドで臥位を取らせ、頸部や腋窩（脇の下）の冷却を行いました。当日応援に来ていた養護教諭が救護室に呼ばれ、Ａと会話し、意識状態を確認すると、しっかりしていました。バイタルサインも異常なく、熱も高くはありませんでした。養護教諭が「大丈夫?」と声を掛けると、Ａは「大丈夫です。すみません」と答えました。また、水分を摂取していたかを聞くと、ウオーミングアップ時にも水分は取っていたということでした。しかし、Ａにスポーツドリンクを飲ませましたが、思うように飲めない様子でした。 　Ａは午後にリレーを控えていました。学校生活で最後の陸上大会ということもあり、Ａの「頑張りたい」という思いをくみ、しばらく休憩して体調の回復を待ちました。しかし、Ａはコップ1杯の水分摂取も思うようにできず、めまいを訴えてきたため救急搬送をしました。救急車には養護教諭が同乗し、担任は保護者へ同時に連絡しました。 　搬送先の病院で血液検査が行われ、脱水症状が起きているということで点滴治療が行われました。点滴治療終了後、Ａは保護者とともに帰宅し、翌日は静養のため欠席しました。
ヒヤリハットした原因	今回、Ａは自分で「大丈夫」「水分は取っていた」と答えていましたが、その言葉を信じて救護室で経過を見続けていれば、重篤な状態になりかねませんでした。また、走行前に付き添いの教員の細かい声掛けがなければ、事前の水分補給も十分にできず、さらに症状が悪化していたかもしれないと、ヒヤリとしました。

気づきや課題	第一に、本人の言葉やバイタルサインだけではなく、全身状態を観察して、早めの救急搬送の選択が必要であったと考えました。今回はとくに最後の陸上大会なので頑張りたいという本人と教員の思いもあり、回復を信じて救護室で長時間休憩を取っていましたが、体調面を優先させた対応を早めに取るべきだったと考えました。 　第二に、ウオーミングアップ時の指導においては、水分補給の必要性について、折に触れ指導をしていましたが、本人の判断で十分に水分が取れていなかったと考えられます。本人が十分だと思っていても、実際どれくらい水分が取れているか細かく確認し、必要であればもっと摂取するように声掛けが必要であったと思います。 　第三に、レース途中のペース配分等臨機応変の走りができずにオーバーペースになったことも要因の一つと考えられます。普段から中距離が得意な生徒でしたが、トラックやレーンの状況がいつもと異なること、Aを取り巻く周囲の生徒の様子がいつも一緒に走っている生徒と異なることなどから、対応の切り替えが困難であったと考えられます。
今後の対策の視点	特別支援学校に通う児童生徒は、自分の体調を上手に伝えることができない場合もあります。とくに軽度の知的障害がある児童生徒の場合、一見しっかり受け答えができているように見えても、実際本人が理解しきれていないこともあります。本人の訴えを考慮しつつ客観的に確認する必要があります。また、気温が高く、熱中症になりやすい気候のとき、とくに運動時にはこまめな水分補給を指導する必要があります。本人が「飲んだ」と言っていても十分でないこともあるため、実際どれくらい摂取したのか、具体的に聴取したり観察したり、場合によっては摂取量を計量したりしながら、その児童生徒の特性を考慮して細かな管理、声掛けが必要であると思います。

ヒヤリハット体験を通して学んだこと

　今回の事例を通して、特別支援学校に通う児童生徒には、体調管理の面で主訴以外にも客観的指標が必要であると実感しました。また、日常生活面においても、言葉による指導だけでは不十分なこともあり、各々の特性などに応じた細かい配慮が必要であると学びました。たとえば、朝ご飯を食べてきたか確認する際の答えが「たくさん食べた」だけでは実際どれくらい食べたのかわからないことがあります。教師が「たくさん食べたか?」と聞くと、「たくさん食べた」と、おうむ返しに返答しているだけのこともあります。お茶わんにどれくらい、パンなら何枚、水分はどれくらいの大きさのコップに何杯など、その児童生徒がわかりやすく表現できるように具体的に尋ねる必要があります。保護者から情報提供してもらう手段も、状況に応じて必要です。

　今回の事例では、担任と養護教諭は指導体制に入っていなかったのですが、両者とも応援に来ていたために救護室の看護師と共に状況を判断し、養護教諭が病院まで付き添い、担任が保護者へ連絡するという同時の対応を行うことができました。しかし、外部のスポーツ行事では、引率の教員の数が限られており、通常の学校生活と比べて教員が少ない状態で参加しています。もし体制的に最小限の教員で参加していた場合、負傷した生徒への救急対応に追われる状態が想定され、他の生徒の対応が手薄になっていたかもしれません。対外競技においても、付き添いの教員の体制を

再検討する必要があるのではないかと考えます。

今後の課題と改善策

課題

・熱中症の症状や、症状に応じた応急処置の方法、また症状の危険度などを全教職員で共通理解する必要があります。

・対外競技においては、普段の環境と異なることを教員も再認識し、事前指導を充実させる必要があります。

改善策

・バイタルサインや本人の訴えだけでは見えない体調不良について、主観的・客観的指標を見直すことが望ましいと考えました。とくに医療機関受診や救急搬送を考慮しなければいけない事態について再確認します。

・夏季に限らず、熱中症の危険が考慮されるときの運動時の水分摂取や休養の取り方の指導の在り方を全教職員で再確認します。

・外部のスポーツ行事への参加では、普段は元気な児童生徒が参加する場合であっても、緊急時の体制が整っているか確認しておくことが重要です。

・毎月ヒヤリハット事例の情報共有のために「健康安全教育部だより」を教職員向けに発行しています。今後も、教職員との情報共有を進め、連携を強化していきます。

健康安全教育部だより No.5

平成29年10月11日
〇〇〇〇学校
健康安全教育部

教職員向け資料

9月のヒヤリハット・アクシデント事象より

①校外の陸上大会参加生徒が、競技後に体調不良を訴え、その後病院に救急搬送。熱中症と診断された。
→自分で水分補給できる生徒だが、「どれくらい飲んでいるのか」を把握しておく必要があった。
→障害特性上、無理をしてでも走ってしまう場合がある。
自主的に行動できる生徒にも丁寧な体調観察が必要であること、スポーツドリンクを事前に準備して熱中症対策をすること、救急搬送の判断をもっと早くすべきだったことなどが教訓となりました。
☆10月に入って暑さがぶり返し、10月10日にも熱中症になった生徒がいました。
「秋になったから」と油断しないよう、もうしばらく熱中症対策をお願いします。
②グラウンドから教室へ移動する際、なかなか教室に戻ってこない児童がいたので探したところ、小学部棟前の用水路にはまって泣いていた。
→用水路の水が汚いので、シャワーで洗ってから保健室で手当てをした。
小学部棟前の用水路は子どもたちがザリガニ釣りを楽しむ場所でもあるのですが、水が汚く、落ちてしまうとけがだけでなく汚水を飲んでしまう心配もあります。

これから秋まつりや文化祭に向け、体育館での活動が増えていきます。長いすの脚が折れないように確認したり、台上の照明スポットへの接触や各種ラインにつまずいたりしないよう、声を掛け合ってけがや事故を防ぎましょう。

4月～9月のヒヤリハット・アクシデント内容

□小学部 ■中学部 ■高等部 □寄宿舎 ■自立活動・その他

けが / やけど / 他害 / 服薬関係 / 食物アレルギー / 行方不明 / 熱中症 / 火災報知器 / 指導の不一致 / 要修繕箇所 / その他 / 送迎関係 / 飛び出し / 誤飲 / 窒息

9月までの報告は74件ありました。
6月にお知らせしたときと同様、けがと行方不明が全体の45%を占め、発生時間帯も午前中45%と、傾向は大きく変化していません。

てんかん発作

　特別支援学校の管理下で自閉症とてんかん発作を有する生徒の強直間代発作が起こり、救急搬送した事例です。この事例を通して、緊急時連絡体制と緊急時の対応を十分に周知しておく必要性と、いつどこでも対応できるように危機意識を学校全体で高めていくことの大切さをあらためて学びましたので、以下に紹介します。

事例　てんかん発作で救急搬送した（中学校）

事例	中学3年生　男子
発生状況	自閉症とてんかん発作がある生徒が、3分ほど間代発作を起こしました。その後、5分以上の強直間代発作を起こし、救急搬送しました。
経過・対応・結果	1回目の発作は、給食の準備中に教室で、上肢の間代発作が3分ほど起こりました。担任教諭（以下担任）から内線電話で保健室に連絡が入り、教室に駆けつけました。早急にバイタルサインをチェックしたところ、体温が高いことを確認しました。 　この生徒は障害児入所施設に入所していたので、保護者と入所している施設に連絡し、施設職員に迎えの依頼をしました。発作が連続して起きる可能性もあったため保健室で休養しながら経過観察を行いました。 　間もなく入所管理者が到着するとの連絡を受け、担任が生徒をつれて玄関ホールに移動しました。 　担任と玄関ホールで入所施設担当者を待っているときに2回目の発作が起こりました。たまたま通りかかった職員から内線電話で保健室に連絡が入り、それを受けて現場に向かいました。 　2回目の発作は意識を失い、呼吸が止まり、その後上肢をけいれんさせる強直間代発作で5分以上続いていました。 　以前から、主治医より5分以上の発作時は救急搬送するように書面で指示をもらっていたため管理職に連絡し、管理職が救急車を要請しました。 　救急搬送までの役割では、担任が発作の一部始終を見ていたので、そのまま養護教諭とともに観察を行いました。養護教諭はバイタルサイン測定をし、経過観察をしながら、掛かり付けの病院に救急搬送の受け入れ許可の依頼と発作の様子を連絡しました。そして、学年主任が保護者に病院に来てもらうように連絡をしました。 　救急車到着時には発作は止まっていました。 　救急搬送後、処置・採血し、そのまま帰宅することになりました。
ヒヤリハットした原因	・**連絡手段の方法:** 発作発生場所の玄関ホールには内線電話がなく、かなり離れたところにある内線電話から管理職に連絡しなければなりませんでした。対応する人数が少ない中、本人から離れなければならないこと

	にヒヤッとしました。 ・**てんかん発作時の対応**：本生徒の担任は、小さなてんかん発作には対応したことがありましたが、今回のような大きなてんかん発作に対応したことはありませんでした。そのため、本人がけがをしないように椅子から遠ざけることはできていましたが、顔を横に向けるなどの対応はできていませんでした。もし発作後に嘔吐があった場合、顔を横に向けるなどの対応ができていなかったら窒息する可能性が高く、より危険な状態になってしまうかもしれないとヒヤリとしました。
気づきや課題	・**緊急時体制の徹底**：保健室に連絡をする際に、職員室の管理職にも連絡することなどは、てんかん発作の症状を有する児童生徒の担任には伝達できていましたが、教職員全員には伝達できていませんでした。緊急時の連絡体制の徹底ができていれば、養護教諭と管理職が同時に現場に駆けつけることができます。どの児童生徒にも起こりうる緊急事態に備えて徹底しておく必要があると思いました。 ・**内線電話のない場所での発作対応**：緊急時体制について対応マニュアルを作成し、全教職員で共有しているのですが、すべての教室に内線電話があるため内線電話によって連絡する体制をつくっていました。しかし、今回のような内線のない場所で発生した緊急時の対応を考慮したマニュアルを作成する必要があると思いました。 ・**てんかん発作の対応**：緊急時シミュレーションは年度初めに全教職員で実施していました。そのシミュレーションから半年以上たった時期に大きな発作があり、対応が不十分になってしまった可能性があると感じました。
今後の対策の視点	・**緊急時の対応の見直し**：緊急時の連絡体制の再確認と内線電話のない玄関や廊下などで緊急事態が発生した場合、どうするかなど管理職と協議し、緊急時体制の充実を図る必要があります。 ・**校内研修の充実**：緊急時シミュレーションは、いつ起こるかわからないうえに誰もが起こりうる緊急時に対応するためのシミュレーションであることを再度理解し、内容をしっかり理解してもらう必要があります。また、1年に1回だけでなく、半年に1回などシミュレーションの回数を増やすなどの対策も重要です。そして、学校医によるてんかん発作の対応を医学的な視点から研修をしてもらうなど、てんかんに関する知識を全教職員で十分に理解しておく必要があると思いました。

ヒヤリハット体験を通して学んだこと

今回の事例を通して学んだことは、緊急時体制の整備不足と、想定していなかった環境に対する想定不足、知識不足の3点だと考えられます。

今回の事例について発作を起こしたときの「周りの教職員の行動」と「周りの環境」に分けてふり返ってみました。

・**周りの教職員の行動**

まず、最初の発作が起こったとき、現場にいた教職員は、担任とたまたま通りかかった教職員の2人だけでした。担任は、本人の発作や周囲の状況を観察し、危険物の排除などを行っていました。本人の普段の様子や小さな発作を見慣れていた担任が生徒の様子を観察しながら時間の測定をしていたことはよかった点です。

しかし、本人の体勢を回復体位にするように緊急時シミュレーションで伝達していたにもかかわらず、実際に大発作を目の前にして体位変換をすることができていませんでした。

周囲にいた教職員は保健室に内線電話で連絡をしてくれました。しかし、このとき管理職には連絡をしていなかったため、養護教諭が現場到着後に再度管理職に連絡しに行かなければならなくなってしまいました。緊急時に保健室に連絡する際は、必ず職員室の管理職にも同時に連絡してもらうように緊急時シミュレーションを行っていましたが、実施できていませんでした。

以上のことから、児童生徒のてんかん発作時の対応に関する教職員の知識不足と、校内の緊急時の連絡体制の共通認識の甘さ、危機管理意識の低さに問題があることがわかりました。また、養護教諭自身も最初の連絡を受けたときに職員室の管理職にも連絡をしたか確認をしておく必要があったと反省します。

・周りの環境

2回目の発作は、玄関ホールという内線電話のない場所での発作でした。緊急時シミュレーションには、内線電話のある教室での発作対応という場面のみを設定していたため内線電話のない場面での緊急事態を想定できていませんでした。そのため、養護教諭に連絡するために一度本人から離れなくてはいけないという事態になってしまいました。

以上のことにより、発作やけがなどいつどこで起こるかわからないことに対して教職員全員が「もしも、今、この瞬間に」何かが起こったらどうするかの危機意識を高めることと柔軟に対応できるように養護教諭と

して留意事項を把握しました。

本事例を通して校内研修の充実と危機管理意識の向上に努める大切さを学びました。

今後の課題と改善策

●改善策

緊急時の対応の見直しと校内研修の充実について以下の改善策を検討しています。

・緊急時の対応の見直し

校内における緊急時の対応の見直しが大変重要です。今回の事例でのそれぞれの対応について記録をまとめ、管理職・担任・学年主任・養護教諭・他の教職員が、どの役割を果たすことができていたかを確認し、今後の緊急時対応に生かすことが必要だと考えられます。

・校内研修の充実

校内研修において重要なのは緊急時対応における知識を教職員全体に周知徹底することと危機管理意識の向上の2点があげられます。

まず、今までの校内研修では、養護教諭による緊急時対応の説明とシミュレーションを行っていました。しかし、知識の周知徹底には養護教諭だけでなく、学校医などの医師による専門的な視点からの研修も必要です。てんかん発作や食物アレルギーによるアナフィラキシーなど校内でいつでも起こりうる緊急事態について全教職員が十分に理解し、どのように対応するかなどを理解した上で、緊急時の対応をシミュレーションしていく必要があります。

また、シミュレーションの内容についても、以前までは教室で教職員の一人が生徒役になり、担任と近くにいた教職員が対応するというシミュレーションを行っていました。し

職種	役割
管理職	外部との連絡・全体の指揮
担任（第1発見者）	担任（発見者）が緊急事態を周りの教員に知らせ、管理職・養護教諭に連絡を依頼する。また、命の危険があると判断したら、その場で救急車要請を依頼する。そのまま、児童生徒の周囲の安全確保を行い、救急処置・経過観察と記録を行う。
学年主任等	ほかの教職員や他の児童生徒の場所の移動等の指示を出し、担任が児童生徒についている場合、保護者連絡をする。
周囲の教職員	担任（発見者）からの報告を受け、管理職・養護教諭に連絡をする。必要に応じて救急車の要請をする。その後、担任（発見者）の補助・記録や他の児童生徒の安全確保を行う。
養護教諭	救急処置・観察を行い、病院への救急搬送依頼の連絡をする。（医師の指示内容などを考慮して行う）

かし、これだけでは不十分であることが今回の事例で明らかになりました。必要な役割分担をさらに明確にして実施することが有効と考えます。今回の事例をもとに見直した役割分担は上の表の通りです。

この表は今回の事例において行った役割分担をもとに作成しているので、このままでは不十分です。今後もあらゆる緊急事態に迅速に対応することができるように役割を明確に追加していきます。少人数の場合は役割を分担することができない場合があります。そのため、全教職員が緊急時のすべての役割ごとの動きを把握し、一人が複数の役割を担う場合を想定したシミュレーションも行う研修の充実が肝心です。

・**場所の想定（内線電話のない場所・校庭などの室外活動時・校外学習時）**
・**対応人数の少ない想定（周りに担任しかいないときの対応）**

上記のように場所や周りの対応人数を想定し、実際にシミュレーションを行うことです。さまざまなシミュレーションを行うことで、一人一人がそれぞれの責任や役割を確認す

ることができ、発見者一人が対応するのではなく、組織的に緊急時対応をすることに努める体制づくりにつながります。

また、今回の事例において危機管理意識の向上が不可欠だということもわかりました。危機管理意識とは、「リスクに向き合い、敏感に予兆を感じ取り、主体的組織的に危機を克服していこうとする意識や態度」のことをいいます。日々意識を高く保つことは難しいため、校内研修を行ってから時間が経過するに伴い意識は低下していきます。

だからこそ、校内研修や緊急時シミュレーションを年度初めだけでなく、定期的に内容を変えて実施する必要があります。また、職員会議や職員朝会などで定期的に声かけを行い、教職員全体で危機意識を向上していけるように努めたいです。

●課題

今回の事例において、内線電話のない環境の問題など設備面の改善はすぐには難しい課題です。環境以外の改善で重要だと考えられるのは事例のふり返りです。

当該校では、今回のようなてんかん発作の

救急搬送が半年以上ありませんでした。そのため、危機管理意識が低くなっていたと考えられます。

　課題解決のためにも、今回の救急搬送事例を時系列で記録したものを残し、教職員の動きと対応の在り方を十分に検討する必要があります。

　今回は、てんかん発作も救急搬送までに止まりましたが、その1週間後に同じ生徒が再度5分を超える強直間代発作を起こし、救急搬送することがありました。その際には、1度

目の救急搬送の1週間後と期間が短く、また従来の内線電話がある教室での出来事だったため、対応した教職員もそれぞれの役割を迅速に果たすことができました。

　この2回の救急搬送を記録に残し、また改善点などをふり返り、校内の緊急時体制の整備につなげることが大切だと実感しました。

参考文献
・健学社「子どもの安全と安心を育む　リスクマネジメント教育の実践」八木利津子著　2017年
・東山書房「養護教諭・特別支援教育コーディネーター・特別支援学級担任・特別教育支援員・教諭・学生・看護師・医療関係者必携　特別支援教育ハンドブック」飯野順子・岡田加奈子編　2014年

抗てんかん薬の使用と緊急体制

　海外に比べて10年以上遅れていた日本の抗てんかん薬ですが、2006年にガバペン、2007年にトピナ、2008年にラミクタールと発売され、少しずつ世界の水準に近づきつつあります。今後海外ですでに使用されている薬も少しずつ使用可能になります。各抗てんかん薬にはよく効く発作型がある一方で、あまり有効でない発作型や、逆に特定の発作を悪化させるものがあるそうで、児童生徒の予防薬を把握しておきましょう。

　坐薬の指示は、主治医より指示書を受けていたら使用します。「学校におけるてんかん発作時の坐薬挿入」については、平成28年2月29日 文部科学省初等中等教育局健康教育・食育課からの通達にあるように、当該児童生徒及び保護者が、事前に医師から、次の点に関して書面で指示を受けていることをまず確認しておくことです。
・学校においてやむを得ず坐薬を使用する必要性が認められる児童生徒であること
・坐薬の使用の際の留意事項
　さらに、当該児童生徒及びその保護者が、学校に対して、やむを得ない場合には

当該児童生徒に坐薬を使用することについて、具体的に依頼（医師から受けた坐薬の挿入の際の留意事項に関する書面を渡して説明しておくこと等を含む。）していること。すなわち、学校で坐薬を使用する場合の条件解釈について、①保護者からの依頼状があること。②医師の意見書（指示書）があること。③自宅でダイアップ坐薬の使用経験があること。の3点を確認した上で、保護者から、当該児童生徒の名前と処方された年月日を記載した薬袋にダイアップ坐薬1回分を入れて、提出してもらうことになります。このように、事前に医師の指示書があり、緊急の場合は坐薬の使用が必要という場合には、保健室などの冷蔵庫で保管している坐薬を、養護教諭が使用することになります。また、けいれんの最中の坐薬使用は困難であり、5分以上のけいれんは、通常は緊急搬送の対象です

　しかし、どのような場合に坐薬を使用するかについては、学校の判断だけでなく主治医や保護者の判断も必要です。全身のけいれん発作の場合に10分から15分続く場合は救急搬送が不可欠で、意識を回復する前に再度発作が起こる場合も、救急車を呼んで病院への搬送を依頼するか、指示を受けていたら主治医に電話で相談するように緊急体制の事前確認をしておくことです。
〈てんかん対応の今（八木利津子）より抜粋〉

高血圧症が原因の嘔吐

　養護教諭は日々さまざまな症状を訴える生徒を受け入れ、医学的看護的知識をフルに活用し的確な判断のもとに対応していかなければなりません。しかし、時に長年の経験からの過信や勘違いで思いがけない判断ミスをしてしまうことがあります。

　今回は、高血圧症の生徒を感染性胃腸炎の流行期であったために、それと思い込んで対応してしまった事例を紹介します。「嘔吐、発熱、下痢、頭痛」の症状があればまず感染性胃腸炎を疑い、他の生徒への感染を予防するために細心の注意を払わなければならない、という一連の思考にとらわれてしまったために起こったケースです。

事例　授業中に嘔吐していた（高校）

事例	定時制課程　男子（一人暮らしの成人）
発生状況	3時間目の授業中、「Aさんが教室でもどしました」という生徒の呼び出しで教室へ駆けつけたところ、Aさんが机に伏せたままグッタリしていました。その足下には大量の吐物がありました。
経過・対応・結果	授業をすぐに中断してもらい、ノロなどのウイルス感染を疑い感染させないことを念頭に置いて、他の生徒を吐物から遠ざけました。吐物の処理を応援の教員に任せ、Aさんを保健室に移送しました。ふらつくAさんを抱えながらベッドに横たえ、しばらく様子を見ました。そのとき検温を実施し、36.5度でした。 　30分ほど観察して、少し落ち着き会話ができるようになったので、「いつから嘔気がしたのか、下痢や腹痛はないか、家族や周りに感染性胃腸炎と診断された人はいないか」などを聴取しました。 　症状は頭痛と嘔吐だけで、下痢や腹痛はありませんでした。「周りにも思い浮かぶ対象者はいない」ということでした。 　しかし、私は、前日に感染性胃腸炎の疑いで欠席した生徒がいたことから、近隣の地域が感染性胃腸炎の流行期に入っていたと状況を把握し、校内で、もしかしたら流行の兆しがあるかもしれないと思っていました。そんな矢先の出来事だったので、絶対に彼もそうだと思い込んでしまいました。そして、他の生徒への感染を配慮し、すぐに早退させようと思いました。 　本校は定時制課程でAさんは一人暮らしの成人です。家族がいないため帰宅後の配慮事項をメモにして渡しました。感染性胃腸炎の場合、学校医の意見を聞きますが、たいてい出席停止扱いになります。そのため、必ず受診して感染性胃腸炎の疑いがあるかどうか診断してもらうこと、もしそうであれば出席停止になるので主治医の指示した期間は家で養生することなどを説明しました。 　そんな中、「最近このように頭痛がひどくて吐くことが度々ありました。2週間前も家で吐きました。別におなかは痛くないし下痢もないんですけど」と本人が言い出しました。

彼のその言葉にハットしました。入学時の健康診断では、高血圧で注意が必要であったことを思い出したからです。そのときに、精密検査を受けてもらったのですが、白衣高血圧症なので心配ないといわれていました。そのため経過観察することもなく2年間放置していました。

慌てて血圧を測定したところ、最高血圧が205mmHg、最低血圧が115mmHgでした。嘔吐は感染性胃腸炎ではなく高血圧が原因だったのです。

少し体調が治まったからか「放課後クラブ活動をしてから帰宅したい」とAさんは言い出しました。「運動どころか、このまま安静にしていないと大変なことになる、高血圧を放っておいたら命を落とすことだってあるんだよ。明日、病院で必ず診察を受けるように」と助言や指導をしました。

しばらくして、血圧が180mmHg/100mmHgに下がったので、そのまま帰宅させました。（一人で帰したことも後になって考えれば危険なことをさせたと反省しています）

病院の診断は「高血圧症」でした。最高血圧が150mmHg、最低血圧が95mmHg以下でないと運動は禁止、朝晩降圧剤を服用する、という医師の指示でした。

その後、教職員間にこの診断結果を共通理解してもらい、毎日保健室で血圧測定を実施し、運動クラブ活動の可否を判断しました。Aさんは、薬を飲み忘れることもあったので、保健室で服薬をさせました。血圧手帳に記入させ、卒業後も自己管理できるようにしました。

ヒヤリハットした原因	あのとき、本人がこのような症状が時々あるということを言わなかったら、そして高血圧経過観察者であるということを思い出さなかったら、とふり返ると、高血圧の治療もせず、高血圧緊急症※に移行して、高血圧脳症やくも膜下出血などで倒れていたかもしれません。 ※高血圧緊急症：血圧が非常に高くなり、すぐに降圧治療を開始しなければ脳、心臓、腎臓、大動脈などに重篤な障害が起こり、致命的となりうる病態。
気づきや課題	従来、保健室来室者の対応は体温、血圧、脈拍などのバイタルサインをはじめ睡眠や食事の基本的な生活状況など、全身状態のチェックを基本としています。最近ではフィジカルアセスメントという評価基準も養護教諭の中に浸透してきています。感染性胃腸炎が流行している時期で、本校ですでに疑いのある者が数人いたこと、症状が似ていたことから、生徒の全体像を見ることなく（フィジカルアセスメントをすることなく）勝手な思い込みで判断してしまいました。
今後の対策の視点	生徒の全体像を客観的につかむために来室カードや個人カードを活用して、症状別チェックシートで見立てることが大切です。 1　**保健室来室カードの記入**：このカードは聴取すべき項目を漏らすことなく記入でき、有効な手だてとなります。チェック項目の一つである血圧をすぐに測定していれば高血圧が原因の嘔吐であったと気づけたでしょう。 2　**個人カードのチェック**：これは生徒の日々の健康状況を記入するもので、入学時に提出してもらう保健調査カードに挟み込んでいます。とくに保健室来室記録をつづっており、いつどんなけがや疾病で来室したかがわかります。今回も、そのカードを見て状態を判断していたら、1年時に白衣高血圧症と診断されていたことを思い出し、血圧をすぐにチェックできていたかもしれません。 3　**症状別チェックシート**：これは症状から幾通りもの疾患を予想し対応に役立てるものです。一般教諭でもこれを見ることで、ある程度判断できます。頭痛、腹痛、腰痛など準備し、誰もが点検できる場所に置いています。

個人カード

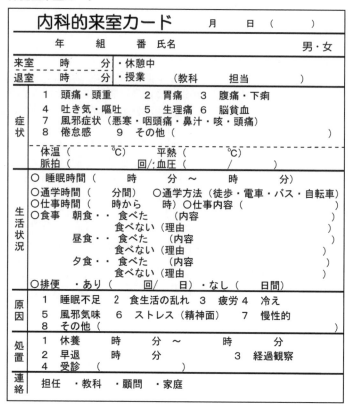

個人カード

氏名

		年度			
		年度			
		年度			
		年度			

1年　組　　番
2年　組　　番
3年　組　　番
4年　組　　番

健康診断結果
身長
体重
BMI
視力
その他異常のあったもの（血圧）

来室記録

年　月　日（　）

※カード・シートなどは、いずれも筆者
　所属の養護教諭研究会作成

資料ダウンロード可

保健室来室カード

内科的来室カード　　　月　日（　　）

年　　組　　番　氏名　　　　　　　　　　男・女

来室	時　　分	・休憩中
退室	時　　分	・授業　（教科　　担当　　　　　）

症状	1　頭痛・頭重　　　　2　胃痛　　3　腹痛・下痢 4　吐き気・嘔吐　　5　生理痛　6　脳貧血 7　風邪症状（悪寒・咽頭痛・鼻汁・咳・頭痛） 8　倦怠感　　　　9　その他（　　　　　　　　　　　　　） 体温（　　　℃）　　　平熱（　　　℃） 脈拍（　　　回/；血圧（　　／　　）

生活状況	○　睡眠時間（　　時　　分～　　時　　分） ○通学時間（　　分間）　○通学方法（徒歩・電車・バス・自転車） ○仕事時間（　　時から　　時）○仕事内容（　　　　　　　　） ○食事　朝食・・　食べた　　（内容　　　　　　　　　　　） 　　　　　　　　　食べない（理由　　　　　　　　　　　） 　　　　昼食・・　食べた　　（内容　　　　　　　　　　　） 　　　　　　　　　食べない（理由　　　　　　　　　　　） 　　　　夕食・・　食べた　　（内容　　　　　　　　　　　） 　　　　　　　　　食べない（理由　　　　　　　　　　　） ○排便　・あり（　　　回/　　日）・なし（　　日間）

原因	1　睡眠不足　2　食生活の乱れ　3　疲労4　冷え 5　風邪気味　6　ストレス（精神面）　　7　慢性的 8　その他（　　　　　　　　　　　　　　　　　　　）

処置	1　休養　　時　　分　～　　　時　　　分 2　早退　　時　　分　　　　　3　経過観察 4　受診　（　　　　　　　　　）

連絡	担任　・教科　・顧問　・家庭

外科的来室カード　　　月　日（　　）

年　　組　　番　氏名　　　　　　　　　　男・女

来室	時　　分	・休憩中
退室	時　　分	・授業中　（教科　　担当　　　　）

発生日時	月　　日　　時　　分頃

傷病名	1　擦過傷（スリキズ） 2　切傷・裂傷 3　刺傷　4　打撲 5　捻挫　6　つき指 7　骨折　8　筋肉痛 9　腰痛　10　鼻出血 11　その他	負傷部位	・頭 ・首 ・肩 ・顔面 ・胸 ・背 ・腕 ・手首 ・指 ・足 ・その他	右　　左

発生状況	・体育（　　　　　　） ・教科（　　　　　　） ・部活動（　　　　　） ・休憩中・登下校時・家庭 ・仕事中 ・その他（　　　　　）

場所	・グラウンド　・体育館　　　・格技場　　・教室 ・階段廊下　　・道路　　　　・家庭　　　・職場

処置	0　手当（　　　　　　　　　　　　　　　　　　　　） 1　休養　　時　　分　～　　　時　　　分 2　早退　　時　　分　　　　　　3　経過観察 4　受診　（　　　　　　　　　）

連絡	担任　・教科担任　・顧問　・家庭　・医療機関

症状別チェックシート

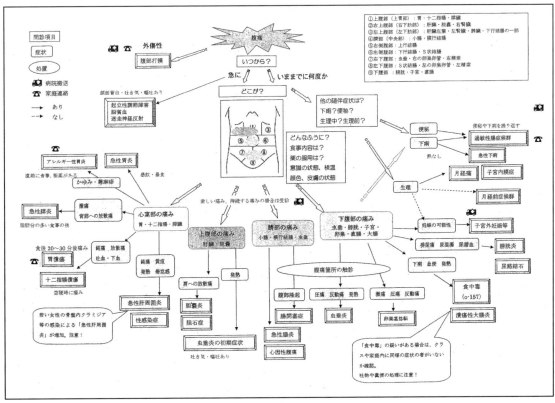

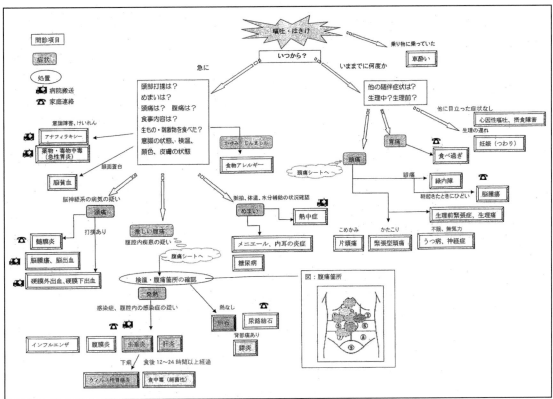

ヒヤリハット体験を通して学んだこと

周りのどんな状況下でも、第1にすべきことは、生徒（患者）の全体像を把握することです。まず、視覚、聴覚、触覚などの感覚を働かせて生徒を観察します。次に過去の健康診断結果や既往歴、保健室の来室記録など、Aさんを取り巻く情報の全てをチェックします。加えて生活状況や家族の状況を聴取します。

それに感染症の流行はないかなども要因の一つに加えて総合的に評価します（感染症サーベイランスの活用など）。症状から疾患を推測できるチェックシートなどを活用すれば、より的確な判断を下すことも可能です。

そのような多角的な視点で観察することを抜きにして正確な判断や初期対応はできないということを今回の事例をきっかけに再認識することができました。

今後の改善策と課題

疾病や救急処置など、最新の医学的知識を身につけ、養護教諭の専門性を常に高めておく必要があります。普段からたくさんの生徒に関わり観察し、五感を高めておくことも大切です。そして、生徒の情報源を視覚化し（来室カード、個人カード、保健調査書など）、総合的に判断できる材料として準備しておかねばなりません。そのためには日常的に担任教諭や保護者などからの情報を入手する手だても必要となります。

今後とも、判断の手助けとして学校医をはじめとする医療機関全般との連携を忘れてはいけないことを実感しています。

常に基本に立ち返り、謙虚な姿勢で養護活動に臨むこと、慌てず冷静に判断すること、それがヒヤリハット防止につながるのではないでしょうか。

自傷行為

子どもたちの抱える問題は多様化・複雑化し、メンタルヘルスの課題を抱えている学校は少なくないはずです。中でも、自傷行為をする子どもの対応は一進一退でゴールが見えにくく、援助者側の心の負担も大きいと思います。今回は、校内でリストカットをくり返す生徒との関わりを通して、失敗をしながらも、生徒と一緒に養護教諭として成長できた事例を紹介します。

事例 校内でリストカットをくり返す（中学校）

事例	中学3年生 女子
発生状況	Aさんは、夏休み前から学校内でリストカットをし、保健室に傷の手当てのために来室する生徒です。「切りたくなったら、切る前に会いにおいで」と伝えてからは、保健室に来室することで気持ちをコントロールしていたようでした。 2学期になり、学校行事にうまく参加できず、心が不安定になっている時期でした。昼休み、Aさんはいつものように私を訪ねてきました。職員室と保健室が近いため、その間の廊下でAさんと話していました。3年生の女子生徒が多数、私を訪ねてきたため、それと入れ替わるようにAさんはどこかへ行ってしまいました。数分後、Aさんが再び私のところへ来て「ばんそうこうちょうだい」と言いました。保健室で、Aさんは私に傷を見せてくれました。カッターで数回リストカットをし、出血していました。Aさんと一緒に手当てをし、手当てが終わるとAさんは暗い表情が一変し、満足そうな表情になり、保健室を退室していきました。同じように私が他の生徒の対応をしていると、リストカットをしてから来室するということが数回続きました。
経過・対応・結果	Aさんは「リストカットをすれば、保健室で優先してもらえる」と潜在的に思っているのかもしれないという見立てを持ちました。スクールカウンセラーにつないでいたため、スクールカウンセラーへ状況を伝え、相談しました。スクールカウンセラーからは「保健室に来る理由をこちらからつくってあげてはどうか」という助言をもらいました。 早速、保健室にAさん専用のノートを置き、保健室に来室する時間を決め、来室時にはそのノートに今日の様子などを書くということをAさんと相談の上、開始しました。加えて掲示物を一緒に作ってもらったり、ガーゼのカットなどの簡単な保健室業務をやってもらったりしました。このような関わりを続けていくうちに、言葉で自分の気持ちを表現することが上手になっていき、しんどいことがあったときに、リストカット以外の方法で感情をコントロールできるようになっていきました。そして、リストカットをする回数が激減していきました。
ヒヤリハットした原因	最初に他の生徒の対応中にリストカットしたときは、ドキッとしました。まさかそのタイミングでカットするとは想定していなかったため、とてもヒヤリとしま

	した。私の対応によって、Aさんのリストカットを助長してしまったのかもしれないと思うと、申し訳ない気持ちにもなりました。休み時間はさまざまな生徒の対応に追われ、Aさんの心理状態への配慮に欠けていたのだと思います。 　他の生徒が自傷行為や、傷口を見ずに済んだことは幸いでした。（自傷行為は、他者への影響力が強いため）
気づきや課題	精神的に不安定な生徒と関わるとき、付かず離れずの絶妙の距離感を維持しながら関わろうと意識していますが、あらためてその難しさを感じました。 　自傷行為を見つけたときの対応は、「冷静な外科医のような対応」がよいといわれています。自傷行為自体に対して「冷静な外科医の対応」はできていたと思いますが、その後の継続支援をどのようにすればよいのかという知見が不足していることに気づかされました。
今後の対策の視点	自傷行為の背景はさまざまで、生徒によって、あるいは日によって最善の対応方法は変わってくると思います。対応方法の引き出しをたくさん持っていることで、その生徒に合ったよりよい対応ができるのではないかと思います。また、養護教諭だけでなく、生徒と関わりの多い担任なども精神的負担は大きくのしかかっていると思います。自傷行為の意味や適切な対応方法を学校全体で研修することが、支援者である教職員の精神的負担を軽減し、さらには生徒の成長に欠かせないことだと思いました。

ヒヤリハット体験を通して学んだこと

　自傷行為を告白されると、誰もが重たい気持ちになると思います。とくに自傷行為についての知見がなければ、「私を見て、私を見ての行動だ」「本当に自殺しようと思っているのなら自傷行為などしない」などの誤った解釈をしていることが多いと感じます。実際、Aさんの自傷行為について校内の関係者に話した際には、そのような反応が返ってきました。

　今回は、スクールカウンセラーと連携し、自傷行為の意味とその対応方法について教職員に伝えることができたため、その後の支援体制がつくりやすくなりました。事例では、養護教諭の私、担任、そしてもう一人Aさんが信頼している女性教諭の3人で、日々、対応しました。本人には「あなたのことをみんな助けたいと思っている。だから、3人でいつもあなたの情報を共有しているよ」とあらかじめ伝え、日常の些細な出来事も共有し、3人の誰がいつ関わってもよいような体制づくりをしました。

Aさんは、初めはそのことに戸惑っていたようでしたが、次第に「情報回るの早いね」と笑顔で言うなど安心している様子でした。何より支援者である私自身の心に余裕が持てたと思います。

　今回、自傷行為についてもっと知見を深めなければならないと思い、スクールカウンセラーや専門機関から情報を得たり、文献を調べたりしました。自傷行為について簡単ではありますが、最低限の大事な要点を以下にまとめてみます。

①自傷行為は、自傷行為をしている生徒にとっては必要な行為です。さまざまな背景から、そうせざるを得ない心理状態になっています。無理にやめる必要もやめさせる必要もありません。自傷行為自体をやめても、そうせざるを得なかった環境要因が変化しなければ、その人を守るものが逆に奪われてしまうからです。しかし、自傷行為は上手な方法ではありません。別の方法で心のバランスを取ることができるように、一緒に解決方法を考

えていくことが大切です。

②自傷行為をした直後の対応は、「冷静な外科医のような対応」です。なぜそんなことをしたのかと問い詰めたり、怒ったり、悲しんだり、同情したり、また見て見ぬふりをしてはいけません。淡々と「けが」そのものにだけ着目し、丁寧に手当てをすることです。そのうえで、「打ち明けてくれた」というその行為に対してねぎらうことも大切です。

③学校で自傷行為の事実を確認したら、必ず保護者に伝えなければなりません。ただし、伝え方を間違えると、今後の支援に悪影響が出てきてしまいます。理想的な伝え方は、本人がいる前で保護者に伝えることです。本人はたいてい嫌がりますが、本人が一番自傷行為をしていることを伝えたい相手は、本当は保護者です。しかし、保護者がどういう反応をするのかがわからず不安でたまらないのです。事前に保護者にどのように伝えるか、そして本人がしてほしくない反応を保護者がしないように伝える、ということを本人と打ち合わせをします。本人の知らないところで保護者に伝えてしまうと「何を言われたのだろう」「そのとき、親はどんな反応をしたのだろう」と余計に本人を不安にさせてしまいます。

④自傷行為の程度は人それぞれさまざまです。医療受診を必要とする場合も少なくないと思います。学校の教職員だけでその見立てをすることは困難なため、専門家との連携が不可欠です。

今後の改善策と課題

今回の事例のAさんの行動は、複数人の対応を一人でこなさなければならない養護教諭の職務の特質も影響していたと思います。一人で何人もの生徒を同時に対応することは非常に難しく、とくに私は経験も浅いため、うまく優先順位をつけて対応することができませんでした。養護教諭として、そういったスキルを向上させていくことはもちろん大切ですが、学校組織として、他の教職員の協力も得ながら保健室経営を考えなければならないと思いました。

具体的には、①養護教諭が一人で対応することが困難な場合は、応援に来てもらう②緊急性の高い生徒の対応に集中しなければならない場合は、他の生徒は職員室で対応してもらうなどが考えられると思います。「チーム学校」として組織対応ができるよう、日頃から柔軟な組織体制を管理職とともにつくっていきたいと思います。

自傷行為をしている人のほとんどは、誰にも相談せず、一人でそのつらさと闘っているといわれています。自傷行為を告白してくれる人は、まだ他者への信頼を失っていません。SOSの発信方法は上手ではないかもしれませんが、そのSOSをしっかりと受け止めて一緒に解決できる養護教諭でありたいと思います。しかし裏を返せば、誰にも言えずに自傷行為をくり返している人は、私たちが思っている以上に多いのかもしれません。SOSを出すこともできずに苦しんでいる子どもにどう関わっていくのか、メンタルヘルスの今後の課題だと思います。

また、養護教諭はカウンセラーではないため、心のバランスを崩した人との接し方や、接する上での自己の心の持ち方などの訓練を受けているわけではありません。しかし、実際の現場ではカウンセラーのような対応が求められていることは否めません。養護教諭自身が、メンタルコントロールできるスキルを身に付けられるような手だても考えていかなければならないと思いました。

うつ病／オーバードーズ

　本稿は、うつ病と診断された生徒が鎮痛薬を過剰摂取し、オーバードーズした後、自傷行為をした事例です。この事例を通して、主治医や保護者との事前の協議と連携の大切さと、迅速で的確な判断の重要さについて学んだことを報告します。

事例　うつ病を抱えた生徒の自傷行為（高校）

事例	高校2年生　女子
発生状況	5限開始時間に教育相談担当教諭から、本人が昼休み時間中に鎮痛薬を10錠ほどクラスメートの前で服薬したとの連絡がありました。前日も同じように鎮痛薬を摂取していること、最近は食事を全く摂取していないことが判明しました。本人の状態を確認すると、顔色が悪く吐き気がありました。最高血圧112mmHg、最低血圧95mmHg、脈拍は110回／分でした。動揺し、自分を責めている様子であり、涙を流し問いかけにうなずいたり、首を振ったりするだけでオープンドクエスチョンには答えることができない様子でした。
経過・対応・結果	体内の薬剤を薄めるために水分を摂取するよう促しました。しかし、本人は断固として水分に口を付けようとはしませんでした。そこで、トイレで嘔吐するよう勧めると応じました。教員がトイレまで付き添い、10分ほど様子を観察しましたが、本人に嘔吐しようという気が見られませんでした。そこで、もう一度水分摂取をするか嘔吐を試みるかの選択をさせると、水分を摂取すると答えたので、一度保健室に戻ることにしました。 　本人をソファに座らせましたが、呼吸が荒いため、血中酸素濃度を確認すると100近くあり、正常でした。手足のしびれ、冷感を確認しました。水分摂取を勧めるものの、やはり水分に口を付けることはありませんでした。養護教諭が寄り添い、声をかけましたが、気持ちが不安定であり、「一人にしてほしい」、「死にたい」と周囲のクッションを投げたり、たたいたりしていました。 　本人の気持ちが安定しないため、ソファの周りをカーテンで囲みました。しかし、うつ病と診断されていること、1年ほど前から自傷行為のある生徒であったことから、カーテンの上から観察していました。すると、自分の爪で手首をひっかくような動作をしていました。また、周囲に置いてあった嘔吐処理の凝固剤のふたを開け、口にしようとしたため、中に入り、物品を全てカーテン内から除去しました。 　その後、再び養護教諭が寄り添っていると急に倒れ、声をかけても反応がなくなったため、血中酸素濃度を確認すると74まで下がっていました。そこで、救急要請の電話をしていると、意識が戻り、救急要請をしている教員の声が聞こえたのか、暴れ出しました。再度測定すると99に戻ったため救急要請を取りやめ、興奮している本人に落ち着くよう声をかけました。 　本人がトイレに行きたいと言うので、養護教諭が付き添いました。本人のプライバシーを考慮し外で待っていると、中から物音がしたので声をかけました。

	反応がないので、扉を開けるように声をかけ続けると、開けてくれました。床には血痕が見られ、手首から出血していました。また、周囲には鏡の破片が散らばっており、ポケットに持っていた鏡を割り、その破片で自傷行為を行ったようでした。すぐに保健室で傷の手当てをしました。 　本人は、病院受診をすること、保護者に連絡が入るかどうかを過剰に気にしている様子でした。本人の状況が家族に知られること、自分が責められることを気にしており、暴れました。管理職や学級担任、教育相談担当教諭と相談し、保護者へ連絡をすることになりました。本人にも伝えると興奮し手が付けられませんでした。興奮が治まらなかったため、保護者の許可の下、救急搬送することになりました。
ヒヤリハットした原因	**自傷行為への危機感への薄さ**：本人が所持している鏡を割り自傷行為に及ぶという考えに至りませんでした。精神疾患を抱えている生徒の自傷行為に対する欲求について理解しきれていないことが最大の原因でした。 **さまざまな要因が重なった**：本人の所持品を確認しなかったために、ポケットに鏡を持っていることに気が付きませんでした。また、本人がトイレに入る際に、プライバシーを優先し、トイレ内まで付き添いませんでした。
気づきや課題	自傷行為をくり返す生徒の自傷への欲求が想像している以上に大きいことを実感しました。また、生徒の生命に直結する場合には、躊躇なく救急要請することの重要さをあらためて感じました。精神疾患について基礎から学び直し、正しい接し方や丁寧な配慮をしていく必要があると思いました。 　本生徒は、以前から自傷行為が確認されていました。本人と学校との信頼関係だけではなく、本人の周囲の友人と学校との信頼関係を築く必要があると考えられます。また、鎮痛薬の過剰摂取を目撃していた生徒が教員に相談しなかったことから、生徒全体に友人の危機に対して適切な対処ができる力を育成する必要性も考えられました。
今後の対策の視点	**疾患への理解**：本生徒は、うつ病との診断がなされていました。本人への声のかけ方、関わり方について主治医や学校医と連携し、全職員に周知する必要がありました。 **緊急時の対応の見直し**：本校での鎮痛薬の過剰摂取、トイレでの自傷行為と立て続けに起こったため、迅速で的確な判断ができませんでした。管理職、学級担任、教育相談担当教諭、学校医を含めての事例検討を定期的に行う必要性を感じました。また、病院受診や家族への連絡を拒否している生徒のいる保健室で緊急要請を行ったので、会話が本人に聞こえ暴れる要因となりました。別室で連絡をするなど、本人が興奮する要因を排除していく丁寧な対応が必要であったと考えます。 **生命への危険性とプライバシーの配慮について**：本事例では、生徒の生命の安全を最優先事項とすべきところを、プライバシーの配慮を優先してしまいました。想定外のことが起きた中でも冷静な判断が下せるよう、事前に学校内外と連携し、協議をしていく必要性を強く感じました。

ヒヤリハット体験を通して学んだこと

　精神的に不安定な生徒の自傷行為はいつ起こるかわからないこと、それに備えて主治医や学校医、保護者との連携を密にしておくことが大切であるとわかりました。とくに疾患への理解という点で、主治医や学校医に自傷行為に対する欲求への大きさや本人を刺激しない対応について学ぶべきであると感じました。

1.疾患への理解

うつ病は、ほとんど毎日の抑うつ気分、興味・喜びの著しい減退などにより生活に何らかの支障を生じている状態が2週間以上続いている場合に疑われます。20〜30歳代と50〜60歳代にピークがありますが、どの年齢でも発症することがあります。有病率は女性の方が多く、男性の2倍です。病因としては、遺伝、性格、ストレスなどのほか、セロトニンやノルアドレナリンの脳内代謝物質が関連していると考えられています。セロトニンやノルアドレナリンは、気分の安定に関連する神経伝達物質のひとつです。

うつ病になりやすいと挙げられる性格や状況は「強い責任感・義務感」、「転勤」、「几帳面」、「昇進」の4つです。自殺は回復期に多いため、注意が必要です。うつ病を抱える生徒への対応として、生徒の抱えるつらい気持ちに対して、共感・受容的な関わりをし、自殺念慮が強化されないよう配慮することが必要です。

2. 緊急時の体制の見直し

本事例では、血中酸素濃度が低下した時点で救急要請を行いましたが、本人が暴れ出し、手が付けられなくなったこと、血中酸素濃度が99まで安定したことから救急要請を取り消しています。薬物を過剰に摂取した時点で、薬効がどのように体に影響を及ぼすのか予想が付きません。オーバードーズをした時点で救急要請をしてよいと救急隊からも助言をいただきました。生徒の生命の安全を保障できない場合、躊躇なく救急要請を行う覚悟を養護教諭として持つべきであると痛感しました。

また、本人が病院受診や家族への連絡を拒否しているにもかかわらず、本人のいる保健室内で連絡をしたことは配慮に欠けていました。緊急事態であるからこそ本人を興奮させないように別室で救急要請を行うなど丁寧な対応をしていく必要があると思いました。

3. 生命への危険性とプライバシーの配慮

本事例では、生命への危険性とプライバシーへの配慮について考えさせられる場面があります。1つは生徒の所持品の確認です。生徒に対して疑っていると感じさせる行為でもありますが、以前から自傷行為をくり返す生徒に対しては、自殺の危険性もあります。そのことを念頭に置いて、生徒の所持品の確認を行うべきであったと考えられます。

2つ目は、トイレ内までの付き添いです。トイレ内まで付き添ってよいかどうか、その場で突然判断することの難しさや限界を感じました。いつ、どこで自傷行為や自殺を図るかわからない生徒に対しては、どこまでプライバシーを配慮するのか、本人、保護者、主治医、学校医などと相談し連携していく必要がありました。

自傷行為が習慣化している生徒に対して、すぐに保護者と連絡が取れるように連携することや具体的な場面まで想定し、対応について協議していくことが必要だと考えました。

今後の課題と改善策

1. 疾患への理解に基づいた対応

うつ病に関する知識を研修などで継続して学び続けると同時に、そこで学んだ知識や技術を全職員に周知し、学校全体で取り組む必要があるとわかりました。本事例の生徒は、自傷行為をくり返しながらも学校に通っていました。その頑張りを認める声かけを行いながら、生徒と学校との信頼関係を築いていく必要があります。また、生徒の抱えるつらい気持ち、苦しい気持ちに寄り添いながら受容的・共感的な対応を心がけ、全職員に周知し、学校全体で見守る必要がありました。日常での関わりを大切にすることで、本人が多くの大人に認められている、気にかけてもらえている実感を与えていきたいと考えます。

また、回復期に自殺が多いことを考慮して、気持ちが安定しているように見える場面でも、危機感を持って対応をすることが重要だと実感しました。本事例では、家族から責められるという思いがあり、病院受診や家族への連絡を嫌がっています。家族から責められることのつらさや苦しさに寄り添った対応をしていく必要があると感じました。

2. 緊急時の体制の見直し

本校では、緊急時の体制について各職員室にフローチャートを配布し、掲示しています。しかし、個人に対応する緊急時の体制については、教員や保護者、主治医、学校医と協議ができておらず、対応が後手に回っています。自傷行為がある生徒はいつ自殺してもおかしくないという意識のもと、全職員で情報を共有し、緊急時の体制について学校内外で協議する必要がありました。また、今後どの教員が同じような状況になるかわからないため、実際に判断に困る場面を想定し、職員研修などでシミュレーションを行う必要があると考えます。

3. 友人の危機に適切に対処できる力の育成

本事例では、鎮痛薬を過剰に摂取する場面を目撃している生徒がいます。2日連続で同じことがあったにもかかわらず、この生徒は教員に相談することはありませんでした。教員との信頼関係の問題ももちろんあると考えられますが、友人の危機に適切に対処できる「ゲートキーパー」としての力を、全生徒を対象として育成していく必要があります。

思春期になると子どもは悩みを抱えても相談することは非常に少なく、相談したとしてもその相手は圧倒的に友人であると文部科学省発行の冊子『教師が知っておきたい子どもの自殺予防』(2009)や児童生徒の自殺予防に関する調査研究協力者会議『子供に伝えたい自殺予防―学校における自殺予防教育の導入の手引き―』(2014)に記載があります。また、当該冊子に示された調査(阪中氏『子どもの自殺予防』至文堂(2008))によると、友人から死にたいと打ち明けられた生徒は2割にも上っています。実際に当該校でも自殺をほのめかされた、自傷行為を見せられたと保健室へ相談に来室する生徒がいます。

全生徒がゲートキーパーとして適切な対処ができるよう自殺予防教育を行い、生徒同士で悩んでいる生徒に気づき、声をかけ、話を聞いて、必要な支援につなぐ力を養う必要があります。そのためには、自殺の深刻な実態を生徒に周知し、心の危機のサインを理解し、心の危機に陥った自分自身や友人への関わり方を学ぶ必要があります。ロールプレーを通して体験的に学ぶことで、友人の危機に気づき、寄り添い、受け止め、信頼できる大人につなぐことの重要性を理解させ、ゲートキーパーとしての技術を高めたいと考えます。

今後の課題

生命の安全性とプライバシーの配慮についての判断が難しいこと、本人の許可が取りにくいことが課題として挙げられます。トイレ内で自傷行為をしたいと考えている生徒なら、なおさらトイレ内まで付き添われることを嫌がると考えられます。自傷行為を行うかわからない中で、生命の安全のためにトイレ内まで教員が付き添うことは現実的には非常に難しく、この状況下で対応するためには、事前に学校が保護者や専門家である主治医と連携、協議していく必要があると考えます。

緊急時の体制について、自傷行為や自殺の危機に備えて危機対応チームを組織することの重要性を感じました。生徒によってキーパーソンとなる教員や教員の役割が異なるため、個別に対応についてチームを編成し、協議することが必要だと考え、取り組んでいます。

頭ジラミ

子どもがなりやすい感染症の代表格に頭ジラミがあります。子どもたちが安心して学校生活を送れるように予防行動や保健指導、感染症拡大防止のための対策を実施していても発生してしまうことがあります。養護教諭だけでなく、全職員が危機意識を持ち、対応することの大切さを再認識し、全体への情報の発信の仕方を考え直しました。

事例 頭髪チェックで頭ジラミを発見した(小学校)

事例	小学1年生　女子
発生状況	水泳学習期間中において当該校では期間を決め、各クラスで朝の学級活動の時間に頭ジラミの頭髪チェックを行っています。数日前に、Aさんのクラスでも担任と学習支援員が手分けして頭髪チェックを行い、罹患者はいない状況でした。1限目終了後の休み時間に椅子を確認せずに座ったAさんは、椅子に座りそこねて転倒し座面で後頭部を打ってしまいました。来室前に学習支援員が一度受傷部位を確認したところ、打撲部位に腫脹や発赤はみられなかったのですが、頭ジラミの卵が見つかり、支援員とともに保健室に来ました。
経過・対応・結果	まず打撲の処置を行い、プライバシーに配慮しつつ、仕切りで区切った場所で頭ジラミのチェックを行いました。養護教諭が確認したところ、頭ジラミの成虫と卵が確認されたので、校内でできるだけ取り除きました。またAさんと同じクラスや学年には再度丁寧に頭ジラミのチェックをしてもらいました。その結果、他の児童にも卵が見つかりました。他の児童も同様に保健室でできるだけ卵を取り除くことにしました。同時に担任から保護者へ頭を打った際の経緯と自宅での経過観察のお願いと頭ジラミの治療について連絡してもらいました。その際に以前配布した頭ジラミの説明のプリントと治療時に記入してもらうプリントを再度配布しました。また管理職に相談後、翌日の職員朝礼で呼び掛け、全校で入念に頭髪チェックを行いました。Aさんや他の児童の保護者はすぐに治療を開始してくださいました。 　頭髪チェックで、同学年とその兄弟にも罹患していることがわかったことから、座席との関連ばかりでなくクラスは違っていても同じく通う学童内や兄弟間で罹患したと推察されました。 　そして直ちに学童への注意を呼び掛け、保護者にも再度頭ジラミに関するお知らせを配布しました。その後数日にわたり、罹患状況に合わせて頭髪チェックを行いました。 　罹患者はいなくなり、頭ジラミの拡大を防ぐことができました。

ヒヤリハットした原因	事前に頭髪チェックを行っているにもかかわらず、当初は流れ作業のように見ていたため罹患者の見落としが生じてしまいました。また頭髪検査自体は、出血による感染の恐れがないため、担任や学習支援員は手袋などの感染予防をせずに観察など処置に当たっていたと考えられるので、Ａさんのけがによる卵の発見がなければ、さらに寄生虫感染のまん延につながっていた恐れがありました。
気づきや課題	今回、朝の学活時という忙しい時間帯に頭髪チェックを行っていたため、チェックで見落としが生じていました。教師用の資料には頭ジラミがどういうものか、ヘアキャストと卵の違いに関すること、卵がどこに多いかなどチェックのポイントが記載されていましたが、詳しく説明を行った上で実施してもらうべきだったと反省しました。毎年、頭髪チェックを行っているからといって、説明を簡略化せず、丁寧な対応が大切だと思いました。
今後の対策の視点	頭ジラミだけでなく、すべての保健活動において、毎年行っているからと簡略化しているところがあります。児童の安全を考えていく上で、危機管理が十分とはいえなくなってしまうので、保健活動や保健管理において、教職員全員に浸透するように毎回資料づくりや研修・説明が大切だとあらためてわかりました。とくに頭ジラミのような感染症は、罹患の早期発見や治療において、保護者の協力が必要です。また児童や保護者たちに対して説明不足であれば、衛生面や経済面が関与しているのでは？などの誤解を招く恐れも考えられ、対応はデリケートになってくるので、普段から保護者との関係づくりも重要となります。信頼関係ができている担任の協力を得ながら保護者と連絡を取り、早期に治療できることが大切だと実感しました。

ヒヤリハット体験を通して学んだこと

　今回は、慣例的に頭ジラミの点検を進めてしまったことから発生した事例であり、頭ジラミをはじめ感染症の早期発見・対応には、事前指導がいかに大切であるかわかりました。第一発見者である学習支援員が再任用の元小学校教諭のため知識があり、スムーズな対応を行うことができましたが、職員への指導の在り方や事前準備について考えさせられました。さらに担任への対応や養護教諭からの助言は適切であったか、また学年を超えて職員体制としていち早く感染予防に取り組めたかなどふり返ると、さまざまな見直し点がありました。

　突発的なけがでたまたま頭ジラミが見つかったＡさんに対し、複数配置である本校では2人で確認を行いましたが、他の児童の来室もあるので片方がたわいない話をしながら付きっきりで対応していたので、心理的負担は軽減できたと思います。しかし、複数配置でない学校も多いので、その他の教職員や保護者と常に連携を取り、丁寧で迅速な対応が必要だとわかりました。

（参照：保健教材イラストブックvol..1／東京都福祉保健局頭ジラミパンフレット）

保護者さま　　　　　　　　　　　　　　　　　　　　　　　令和○年6月○日

頭ジラミについてのお知らせとお願い

　これから梅雨の蒸し暑い季節を迎えます。保護者の皆さまにおかれましては、ご清栄にてお過ごしのことと存じます。平素は、本校の教育活動にいろいろとご理解ご協力いただきありがとうございます。

　さて、今月よりいよいよ水泳学習が始まります。学校では頭髪検査を入念に行い、頭ジラミがプール等を通してまん延することのないよう、予防と対策に努めてまいりたいと思います。

　つきましては、ご家庭におきましても、予防のための次の点についてご協力をお願いいたします。

≪頭ジラミとは？≫

成虫2〜3mm（幼虫も同じ形態）

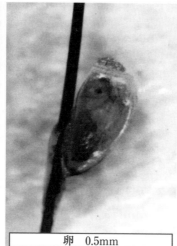

卵　0.5mm

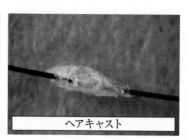

ヘアキャスト

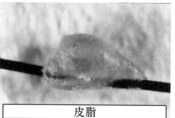

皮脂

　頭皮から血を吸い、かゆみをもたらします。羽がないため飛びませんが頭同士や布を通して感染します。皮脂等と見分けのつきにくい卵は、指でしごいても取れません。ふ化すれば、専用のシャンプーで退治できますが、卵には効かないため、孵化しきるまでこまめな対応を必要とします。

≪見るポイント≫

　耳の後ろや襟足を中心に見てください。

※見つけたときや、わかりにくい場合は
　学校（保健室）までご連絡ください。

頭のてっぺん
耳の後ろ
結んだかみの根元

資料ダウンロード可

1. **卵の保有の有無にかかわらず次の点に留意し、ご家庭でも頭髪の観察をお願いします。**
   (1) 頭髪はできるだけ短くすること。
   (2) 毎日洗髪を十分に行うこと。
   (3) 洗髪後は目の細かい「スキグシ」などでよくすくこと。
   (4) 爪は短くすること。
   (5) 衣類・シーツ・枕カバーなどは清潔にすること。
   (6) 室内の清掃は確実に行うこと。

2. **週末に給食当番のエプロンを持ち帰っていただきますが、洗濯のあと、各ご家庭でアイロンをかけて持たせていただきますようご協力をお願いいたします。**
   （頭ジラミは熱に弱く、アイロンをかけていただくことで予防対策になります。）

発生が発見された場合は速やかにご家庭にお知らせいたします。お知らせプリントを持参のうえ、皮膚科や処方箋薬局で駆虫をお願いします。また、ご家庭で発見された場合も、速やかに学校までお知らせくださいますようお願い申し上げます。
（また、駆虫薬は就学援助の対象になります。事前に学校までお知らせください。）

なお、頭ジラミは日々清潔に洗髪し、衛生を保っていても感染し、頭髪に付着します。感染を予防していく上でも、上記のご協力をお願いいたします。

発生時，感染予防に右記のことにもご注意ください。

身のまわりの掃除も重要

ブラシ、タオルは家族でもそれぞれの専用のものを用意。

枕カバー、シーツは毎日取り換える。

シーツやタオルは熱めのお湯に10分ほどつけて洗うこと。

部屋の掃除も念入りに。

資料ダウンロード可

おわりに

　このたび、ヒヤリハット体験事例を紹介させていただく機会を得られたことは、これまでお付き合いいただきました健学社発行の月刊誌「心とからだの健康」の読者の皆さま方のおかげです。心より感謝申し上げます。そして、勤務校におけるヒヤリハット体験について、執筆にあたりご協力を賜った養護教諭の方々にはここに深く敬意を表します。

　事例を書き留めるたびに、「報連相」という基本に立ち返る大切さについて再認識しております。たとえば学校管理下のけが対応では、管理職への報告や教職員組織間で連携し合うなど、相互扶助は欠かせません。しかし、同時に養護教諭間の連携も大きな力になります。
　学校園におけるけが発生のタイミングは重なるのが日常でしょう。そんな折に養護教諭が的確な対応のために冷静さを自分に課し、同役の先輩からの言葉がふとよぎることもあろうかと思います。また、養護教諭の方々から事例提供をいただいた学びを、あらためて思い返すと、各事例を通して、経験の浅い若年養護教諭がヒヤリハット場面に直面した際、ベテラン養護教諭の助言が有効に響いています。養護教諭同士のつながりから得られた言葉は心に残ります。本書を通して養護教諭間の連係を見直していただき、連絡・報告・相談を養護教諭同志で大切にしていくことを望みます。
　経験豊富な読者（養護教諭）の先生方におかれましても、「あるある」と共感していただいたり、「このような場面もあったかなあ」と思い起こしていただいたり、新鮮な気持ちでお目通しくださった事例が含まれていたのではないでしょうか。
　本書では、各事例について「発生状況」「経過・対応・結果」「ヒヤリハットした原因」「気づきと課題」「今後の対策の視点」の項目に分けて省察してきました。ICTの活用が進行し、ふり返りの方法もさらなる工夫が必要と考えられますが、省察には日々の記録が大切であることを改めて感じます。ご参考にしていただければうれしいです。
　私たちは、先行きが見えない新型コロナウイルス感染症の猛威から、さらに起こるかもしれない危機に備えて具体的な養護活動を検討し、「組織連携」をキーワードに今後も情報共有の場を考慮し努めていけるように研鑽してまいります。
　また、末尾になりましたが、編集作業にあたり健学社代表細井裕美さまはじめ編集部の皆さまには大変お世話になり、心から御礼申し上げます。ありがとうございました

2021年12月
リスクマネジメント養護教育研究会
八木 利津子

ダウンロード可能資料一覧

P27 👉 word, PDF
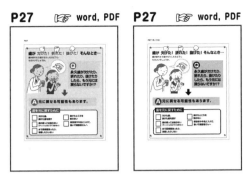

P27 👉 word, PDF

P38 👉 word, PDF

P38 👉 word, PDF
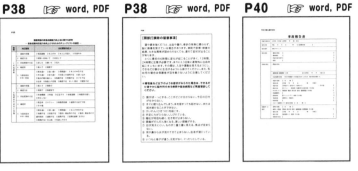

P40 👉 word, PDF

P53 👉 word, PDF

P54 👉 word, PDF

P64 👉 word, PDF
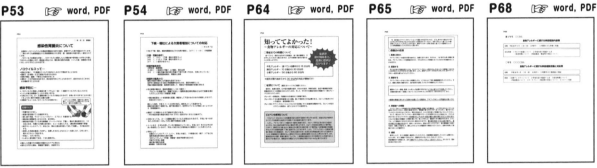

P65 👉 word, PDF

P68 👉 word, PDF

P69 👉 word, PDF

P70 👉 word, PDF
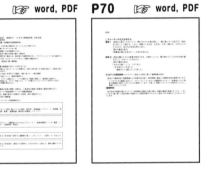

P72 👉 word, PDF

P85 👉 word, PDF

P90 👉 word, PDF
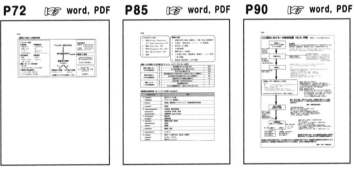

P91 👉 word, PDF
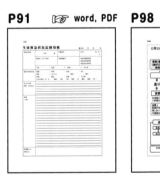

P98 👉 PDF

P110 👉 PDF

P119 👉 word, PDF

P137 👉 word, PDF

P140 👉 PDF

P140 👉 PDF

P140 👉 PDF
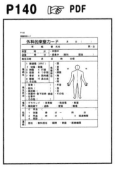

P152 👉 word, PDF
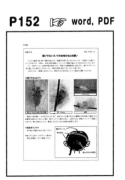

P153 👉 word, PDF

著者紹介

八木 利津子（やぎ りつこ）

徳島大学教育学部養護教諭別科、京都女子大学大学院発達教育学研究科博士前期課程修了、奈良女子大学大学院人間文化研究科博士後期課程修了、博士（学術）。1985年〜京都市養護教諭、京都市総合教育センター研修指導員、滋賀県立大学人間看護学部講師等を経て2016年よりプール学院大学教育学部教育学科講師。2018年4月より桃山学院教育大学教育学部へ転籍。2018年 桃山学院教育大学教育学部准教授。2020年 同大学人間教育学部教授 2021年〜同大学 学校保健コース長現職。

【研究領域】 健康教育学、学校保健・学校安全教育、ストレスマネジメント教育
【所属学会等】日本養護実践学会理事、日本幼少児健康教育学会理事、和文化教育学会理事、日本ストレスマネジメント学会元理事、日本安全教育学会、日本学校保健学会、 日本家政学会、日本健康相談活動学会、近畿学校保健学会、児童教育学会、リスクマネジメント養護教育研究会会長など
【主な受賞歴】第1回京都市教育実践功労者表彰（2002年）、第24回京都府歯科保健文化賞個人表彰（2007年）、日本ストレスマネジメント学会学会奨励賞（2010年）、京都市学校保健会教育功労者表彰（2011年）、第68回京都市教育功労者表彰（2016年）、プール学院大学ベスト・ティーチャー賞（2017年）、日本幼少児健康教育学会 濱田靖一賞受賞（2019年）
【学術掲載誌】・「子ども・若者支援を考える」、「学生と考える保健教材づくり」（単著）:『心とからだの健康』（連載）健学社
　・「ヘルスプロモーションの概念に基づく健康教育と学校危機管理」（単著）:『家政学研究』第63巻.第2号（通巻第126号）奈良女子大学家政学会
　・「保健室の機能を生かした居場所づくりの検討―小学生における保健室観の規模別調査から―」（単著）:『プール学院大学教育学部研究紀要』第1号
　・「学校リスクマネジメントの課題検討に関する一考察―児童のヒヤリハット調査の意義に着目して 　―」（単著）:『プール学院大学教育学部研究紀要』第2号
　・「小学校における異年齢集団活動がリスクマネジメントに及ぼす効果に関する研究―養護教諭がコーディネートする教育実践に着目して―」（単著）:『日本幼少児健康教育学会誌』第3巻第2号
　・「小学校における食物アレルギー対応と教職員研修のあり方に関する事例検証―養護教諭が行うリスク・マネジメントの観点から食物アレルギー研修に着目して―」（単著）:『日本幼少児健康教育学会誌』第5巻第2号
　・「地域と協働する学校安全共育プログラムづくりの事例検討 ―小学校における登下校のヒヤリハットに基づく危機管理体制の実践的介入―」（単著）:『桃山学院教育大学研究紀要』第2号
　・「学校と地域の協働による安全共育活動に関する提言 ―計量テキスト分析結果から開発教材を一考―」（単著）:『桃山学院教育大学研究紀要』第3号 他多数
【主な著書】「子どもの安全と安心を育む リスクマネジメント教育の実践」（単著）健学社
　　　　　「教師とスクールカウンセラーでつくるストレスマネジメント教育」（共著）あいり出版
　　　　　「日常生活・災害ストレスマネジメント教育―教師とカウンセラーのためのガイドブック―」（共著）サンライフ企画
　　　　　「児童心理」（共著）金子書房
　　　　　「最新精神医学」（共著）世論時報社
　　　　　「子どもと社会の未来を拓く―子どもの健康と安全」青踏社 他

実際にあった 学校でのヒヤリハット事例から学ぶ そのとき養護教諭はどうした!?

2021年12月30日　第1刷発行

著　者　八木利津子
イラスト　かまたいくよ

発行者　細井裕美
発行所　株式会社 健学社
　　　　〒102-0071　東京都千代田区富士見1-5-8 大新京ビル
　　　　TEL：03（3222）0557（代表）
　　　　FAX：03（3262）2615
　　　　URL：http://www.kengaku.com

表紙・本文デザイン／ニホンバレ

©KENGAKUSYA　2021　Printed in Japan
落丁・乱丁本は送料小社負担にてお取り替えいたします。

ホームページを更新しました！
ホームページへGO! 健学社 検索
クリック
からだいきいき こころわくわく
お電話のお問い合わせは
03-3222-055
受付時間 9：30〜12：00
13：00〜17：30/土日祝日
健学社
HOME　雑誌一覧　書籍・雑誌一覧　書籍一覧
ダンベル体操
ビデオ
教材他一覧
壁新聞、雑誌・書籍をデジタル版で「立ち読み」できます。

＊iPhone（アイフォン）、iPad（アイパッド）、GALAPAGOSで弊社の電子版を見ることができます。また、インターネットで「健学社」を検索すると、定期刊行物、新刊の立ち読みができます。

ISBN 978-4-7797-0566-3